나를 이끄는 뇌, 생각을 이끄는 나
도파민 트리거

나를 이끄는 뇌, 생각을 이끄는 나

도파민 트리거

김진우 지음

리드썸

추천사 . 6

PART 1
도파민, 생각의 첫 신호

01 도파민이란 무엇인가 . 19
02 도파민이 삶을 움직이는 방식 . 24
03 나쁜 도파민의 함정, 중독의 시작 . 29
04 도파민을 긍정의 트리거로 바꾸는 법 . 33
05 생각과 도파민 그리고 선순환 . 37

PART 2
생각이 현실을 만든다

01 뇌에서 시작되는 변화 . 45
02 가난과 절망 속에서 피어난 생각 . 48
03 부정적 생각의 결과 . 52
04 생각이 지옥을 만들고 행복을 짓는다 . 56
05 모든 것은 생각에 달렸다 . 61

PART 3
생각의 진화와 조절

01 뇌의 예측 시스템 . 69
02 생존을 위한 도구 . 74
03 실수와 고통을 넘어 . 78
04 생각을 조절할 수 있다는 발견 . 82
05 긍정의 연쇄 반응 . 85

PART 4
악순환에서 선순환으로

01 나쁜 생각의 현실화 . 93
02 도파민 폭풍의 덫 . 98
03 선순환의 시작 . 103
04 생각 전환의 주문, 핑계 대지 마 . 107
05 좋은 생각이 세상을 바꾼다 . 112

PART 5
선순환을 만드는 생각의 기술

01 호르몬과 신경전달물질 . 121
02 부정적 감정을 긍정으로 바꾸는 연습 . 126
03 생각이 현실이 되는 과정 . 131
04 선순환의 결실 . 136
05 나만의 선순환 . 140

PART 6
세상으로 퍼지는 선순환의 힘

01 선한 고리가 계속된다 . 149
02 사람, 식물, 동물에게 . 152
03 선순환 농업으로의 전환 . 155
04 생각이 만든 새로운 삶 . 162
05 도파민 트리거를 당겨라 . 167

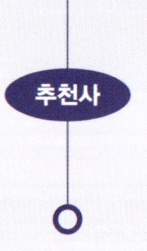

김동렬 한의학 박사
(김동렬한의원 원장, 前 꽃마을경주한방병원 원장)

『도파민 트리거』는 단순한 자기계발서가 아닙니다. 이 책은 뇌의 화학과 인생의 리듬을 절묘하게 잇는, 한 사람의 치열한 인생 역정이자 깊이 있는 의학적 통찰입니다. 저자는 오랜 중독과 상실, 절망의 끝에서 다시 일어서기까지의 여정을 통해, 인간의 뇌와 마음이 얼마나 회복 탄력성이 있는지 생생히 보여줍니다. 특히 도파민이라는 신경전달물질이 인간의 생각과 행동, 나아가 삶 전체를 어떻게 움직이는지를 한의학적 관점에서도 설득력 있게 이해할 수 있었습니다.

한의학은 기와 혈, 음과 양의 균형을 중요하게 여깁니다. 도파민 역시 정신적 에너지의 일종으로 볼 수 있으며, 이 책은 그 에너지가 어떻게 병이 되기도 하고 약이 되기도 하는지를 보여줍니다. 특히, 몰약이라는 약재를 중심으로 회복과 치유의 여정을 담은 5~6장은 한의학적 치유와 자연 회복의 길을 찾는 이들에게 매우 의미 있는 메시지를 전달합니다.

이 책을 통해 독자들은 단지 정보를 얻는 것이 아니라, 자신의 삶을 성찰하고, 자기 치유의 길로 들어서는 계기를 만나게 될 것입니다. 이 책은 모든 이들에게 필요한 '마음의 한약'입니다.

한병길 의학박사

(한스소아청소년과의원 원장)

의사로서 저는 항상 질문합니다. "무엇이 사람을 바꾸는가?" 많은 이들이 약물, 환경, 교육 등 외부 요인을 말하지만, 저는 언제나 '생각'이 그 출발점이라고 믿어왔습니다. 『도파민 트리거』는 이 질문에 대한 생생한 대답을 과학과 삶의 언어로 풀어낸 책입니다.

특히 이 책은 도파민이라는 물질을 통해, 중독이라는 현대인의 고통을 단순한 의학적 문제로 치부하지 않고, 정서적·정신적 차원에서 해부해냅니다. 저자의 개인적인 경험—가난, 상실, 중독, 회복—은 많은 환자들의 이야기와 닮아있고, 그 치유의 과정은 의사로서도 감탄을 금할 수 없을 만큼 깊이 있고 실제적입니다.

'좋은 생각이 좋은 뇌를 만든다'는 이 책의 메시지는, 단순한 정신론이 아닙니다. 저자는 도파민의 예측-추진-보상의 과정을 통해 그 선순환을 과학적으로 증명하며, 실천 가능한 방향까지 제시합니다. 이 책은 단순한 지식이 아니라, 사람을 살리는 책입니다. 아이들을 돌보는 의사로서, 그리고 삶을 더 나은 쪽으로 이끄는 치유자로서, 강력히 추천합니다.

이태호 한의사
(지남한의원 원장, 대한한의사협회 부회장)

『도파민 트리거』는 동양의학과 서양의학, 그리고 자기 계발의 경계를 허무는 책입니다. 한의학은 몸과 마음, 기와 혈, 정신과 육체의 조화를 중요하게 여깁니다.

김진우 박사의 저서는 바로 그 조화의 중요성을 현대 과학과 자기 경험을 통해 설득력 있게 풀어낸 작품입니다. 특히 도파민이라는 신경전달물질을 중심으로 생각과 감정, 행동의 연결고리를 세심하게 설명한 부분은 매우 인상 깊습니다. 중독은 한의학에서도 중요한 치료 주제 중 하나인데, 이 책은 뇌의 시스템을 이해하고, 그것을 스스로 조절하며 회복하는 과정을 깊이 있게 다룹니다.

'몰약'이라는 생약 소재를 통해 새로운 삶의 동력을 발견해 내고, 그것을 공동체와 나누는 그의 여정은 한의사로서도 깊이 공감되는 대목입니다.『도파민 트리거』는 몸과 마음, 생각과 습관이 어떻게 하나로 연결되어 작동하는지를 보여주는 좋은 본보기입니다. 많은 이들이 이 책을 통해 삶의 균형을 되찾기를 바랍니다.

정형진 공학박사

(前 카이스트 부원장)

    과학은 냉철하고 객관적인 분석의 산물입니다. 하지만 그 분석 뒤에는 언제나 인간의 의지가 있습니다. 『도파민 트리거』는 공학박사로서의 저자 김진우 박사의 치열한 실험과 분석, 그리고 인간적인 통찰이 결합된 보기 드문 성찰의 결과물입니다.

    도파민이라는 신경전달물질이 단순히 중독이나 쾌락의 화학물질이 아니라, 인간의 '의미 추구'와 '동기 부여'라는 가장 근원적인 기능과 연결되어 있다는 이 책의 메시지는, 인공지능이나 뇌공학 등 첨단 과학이 향하는 방향성과도 맞닿아 있습니다. 더욱 놀라운 점은, 이 과학적 통찰이 단순한 지식 전달에 그치지 않고, 저자 자신의 고통과 실패, 그리고 회복의 여정 속에서 실천적으로 녹아 있다는 것입니다.

    저는 오랜 시간 과학기술 행정을 맡아오며 수많은 연구자들을 보았습니다. 그러나 김진우 박사처럼 '삶을 실험실' 삼아 살아낸 과학자는 드뭅니다. 이 책은 도파민을 넘어, 인간의 의지와 가능성에 대한 놀라운 증언이며, 누구나 읽고 변화할 수 있는 과학적 자기계발서의 정수라 할 수 있습니다.

한상철 감독
(국회의원 축구연맹 감독)

운동선수와 지도자에게 '동기'는 경기력의 핵심입니다. 동기를 부여하지 못하면, 기술도, 체력도 무용지물이 됩니다. 『도파민 트리거』는 이 '동기'의 과학적 정체를 도파민이라는 키워드로 풀어낸 놀라운 책입니다.

운동장에서의 퍼포먼스는 단순히 신체의 문제가 아닙니다. 뇌가 먼저 움직이고, 마음이 방향을 잡아야 몸이 따라갑니다. 이 책에서 저자는 도파민이 바로 그 시작점이라는 것을 탁월하게 보여줍니다. 더 중요한 건, 그 도파민을 '어떻게', '어디로' 이끌 것인가입니다. 축구 경기를 준비하듯, 인생도 방향과 계획이 있어야 합니다.

김진우 박사의 인생 여정을 보며 저는 하나의 경기를 본 듯했습니다. 전반전의 고통, 후반전의 회복, 그리고 연장전 같은 몰약 연구. 결국 그는 승리했습니다. 이 책은 경기장에서든 인생이든 다시 뛰고 싶은 사람들에게, 반드시 필요한 전술서입니다. 멘탈이 흔들릴 때마다, 이 책을 떠올릴 것입니다.

엄영수 코미디언

　우리는 웃음을 통해 치유받고, 때론 웃음 속에서 삶의 본질을 마주합니다. 『도파민 트리거』는 그런 의미에서 저에게 큰 울림을 주었습니다. 웃음을 통해 사람들의 도파민을 자극해 온 제 삶과도 깊이 맞닿아 있었습니다. 김진우 박사는 단순한 과학자가 아닙니다. 그는 자신의 삶을 통째로 실험실로 삼아, 절망을 희망으로, 중독을 회복으로 바꾸어낸 증거이자 증인입니다. 그가 들려주는 도파민의 이야기는 결코 이론에 그치지 않습니다.

　우리가 왜 무기력해지고, 어떤 이유로 중독에 빠지며, 어떻게 다시 일어설 수 있는지를 생생하게 그려냅니다. 특히 생각을 도파민과 연결시키는 시도는 지금껏 어떤 자기계발서에서도 볼 수 없었던 신선한 통찰이었고, 실제로 제 삶의 패턴을 바꾸는 데 큰 도움을 주었습니다.

　이 책은 단순히 읽고 끝나는 책이 아닙니다. 웃고, 울고, 반성하고, 다짐하게 만드는 책입니다. 이 시대에 꼭 필요한 '생각의 엔진'을 장착한 책, 강력히 추천합니다.

김동원 편집국장

(인더스트리뉴스 부사장 겸 편집국장)

언론인으로서 수많은 이야기를 접합니다. 하지만 어떤 이야기는 단순히 세상 소식을 전하는 뉴스가 아니라 사람의 인생을 바꿔주는 '진짜 이야기'로 다가옵니다. 바로 『도파민 트리거』가 그렇습니다. 이 책은 정보가 아니라 삶의 숨겨진 이면에 대해 잔잔히 전해줍니다. 논리가 아니라 진실이 담겨 있기에 사람의 마음을 움직이는 힘이 느껴집니다.

김진우 박사는 단순한 성공 스토리를 들려주지 않습니다. 그는 스스로를 망가뜨린 중독, 삶을 통째로 삼켜버린 슬픔, 그리고 다시 일어서는 극복의 순간들을 숨기지 않고 속살 그대로 보여줍니다. 이 책은 꾸미지 않기에 믿음이 가며, 읽다 보면 어느 사이 깊이 빠져들게 됩니다. 믿음에서 신뢰가 싹트고 거기에서 삶의 강한 원동력이 분출하게 된다는 것을 실감하게 됩니다. 그 모든 과정을 관통하는 중심축이 바로 '도파민'이라는 화학적 진실입니다.

정보의 홍수 속에서 사람들은 더 이상 표면적인 이야기에 감동하지 않습니다. 이 책은, 뇌과학과 인간 심리, 자기계발과 삶의 지혜를 한데 묶어낸 진짜 콘텐츠입니다. 언론의 관점에서 보아도, '이야기의 힘'이 무엇인지 가장 잘 보여주는 책입니다. 우리는 이야기의 홍수 속에 살지만, 진정으로 가슴으로 와닿는 이야기에는 목말라 있습니다. 이 책은 그 같은 갈증을 시원하게 해소해 주는 동시에 고단한 삶의 이면에 숨겨준 비밀을 넌지시 들려줄 것입니다.

민병현 교수

(청운대학교 미디어커뮤니케이션과 교수, 풀무생협 이사장)

『도파민 트리거』는 단순한 자기계발서를 넘어서는, 매우 통합적이고 실천적인 메시지를 품고 있는 책입니다. 저는 미디어커뮤니케이션을 연구하는 사람으로서, '생각'이라는 내면의 신호가 어떻게 사회적 소통과 행동, 나아가 삶 전체를 변화시키는지 늘 관심을 가져왔습니다. 김진우 박사의 이 책은 도파민이라는 과학적 개념을 통해, 생각이 어떻게 행동을 유도하고, 그 행동이 다시 사회를 변화시키는지 구체적 사례와 함께 잘 풀어냅니다. 특히 저자의 삶 속에서 실험되었던 수많은 실패와 고통, 그리고 몰약이라는 식물과의 만남은 독자에게 지식 그 이상의 울림을 줍니다.

또한 생협 이사장의 입장에서 보자면, 이 책은 인간의 회복과 자연의 치유력, 공동체의 선순환이 어떻게 연결될 수 있는지를 실제로 보여 주는 귀한 기록이기도 합니다. 몰약을 통해 시작된 한 사람의 변화가 아프리카 농촌과 지역 생태계까지 확장되는 과정은, 지금 우리 사회가 지향해야 할 통합적 발전의 방향성을 잘 제시해 줍니다. 『도파민 트리거』는 개인의 뇌에서 출발해 공동체와 지구로 나아가는 순환의 여정을 담은 책입니다. 이 책이 더 많은 독자에게 닿아, 치유와 변화를 촉진하는 매개체가 되기를 진심으로 기대합니다.

전미애 교수
(대진대학교 상생교양대학교 교수, 연천군 탄소중립 지원센터 센터장)

『도파민 트리거』를 읽으며, '회복과 전환'이라는 단어가 머릿속을 떠나지 않았습니다. 김진우 박사의 여정은 한 개인의 극복기를 넘어, 사회와 환경, 그리고 공동체의 지속 가능성을 향한 실천이기도 합니다.

절망의 순간을 과학적 성찰과 인간적 통찰로 승화시키고, 그것을 삶의 새로운 방향성으로 연결시킨 그의 이야기는 누구에게나 깊은 울림을 줍니다. 특히 몰약 연구를 통해 농업과 생태계, 지역 사회에 선순환을 실현한 부분은 탄소중립 시대를 살아가는 우리 모두에게 강력한 메시지를 전합니다.

김진우 박사의 저서 『도파민 트리거』는 단순히 도파민을 잘 활용하자는 자기계발서가 아닙니다. 우리 내면의 에너지를 생명과 생태, 공동체와 희망으로 연결하는 삶의 지침서입니다. 지속 가능성과 인간 회복의 실마리를 찾고 있는 독자라면 반드시 이 책에서 길을 발견할 것입니다.

김형주 교수

(건국대학교 생물공학과 교수)

　우리가 일상에서 마주하는 가장 근본적인 문제 중 하나는 열역학 제2법칙, 즉 '무질서도의 증가'를 어떻게 극복할 수 있을까 하는 점입니다. 삶은 끊임없이 우리를 무기력과 유혹 속으로 끌어당깁니다. 서 있으면 앉아 있고 싶고, 앉아 있으면 눕고 싶고, 술을 마시고 싶고, 아무것도 하지 않고 싶은 충동이 자연스럽게 밀려옵니다. 만약 모든 인간이 이런 무질서에 그대로 굴복했다면, 인류 문명은 이 세상에 존재하지 않았을 것입니다. 하지만 인간은(모든 인간은 아니지만) 무질서에 저항하는 선택을 해왔고, 그 선택들이 모여 문명을 이뤄왔습니다.

　『도파민 트리거』의 저자 김진우 박사는 몰약이라는 작고 생명력 강한 식물을 통해, 개인의 깊은 고통과 무질서의 소용돌이 속에서도 어떻게 다시 질서를 회복하고, 생명을 지켜내고, 자기 자신을 일으켜 세웠는지를 진솔하게 보여줍니다. 그리고 그 결과는 작지만, 인류 문명과 과학의 발전에 기여한 하나의 의미 있는 조각이 되었다고 생각합니다.

　모든 사람이 같은 방식으로 삶을 변화시킬 수는 없겠지만, 소재가 바뀌더라도 방향이 같다면 가능성은 충분합니다. 이 책은 바로 그 방향을 제시해 주고 있습니다.

PART 1
{ 도파민, 생각의 첫 신호 }

D O P A M I N E T R I G G E R

도파민이란 무엇인가

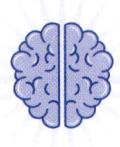

오늘은 꼭 일찍 자야지, 생각하고 10시에 씻고 누웠던 적이 있는가? 잠깐 핸드폰만 보다 자야지 하고 SNS, 유튜브 쇼츠를 봤을 뿐인데, 어느덧 새벽 1시.

'아, 또 이러면 안 되는데' 하면서도 손은 다시 스크롤을 내리고 있다. 내일 피곤할 걸 알면서도, 지금 당장의 자극을 포기하지 못하는 것이다. 그 순간, 우리 머릿속에선 도파민이 춤을 춘다.

사람은 모두 다르지만, 이 도파민의 흐름 앞에선 참 비슷하다. 단지 재미있어서, 그저 습관이라서, 아니면 어쩔 수 없어서. 이렇게 쌓인 '작은 선택'들이 우리를 어디론가 데려다 놓는다. 무엇이 우리로 하여금 어떤 행동을 반복하게 만들고, 때로는 그 행동에 중독되도록 만드는가? 그 중심에는 '도파민'이라는 뇌 속 화학물질이 있다. 도파민은 인간의 행동과 감정, 나아가 인생의 방향성까지 좌우할 수 있는 강력한 '트리거(trigger, 방아쇠)'다.

도파민은 흔히 '행복 호르몬'이나 '쾌락 물질'로 알려져 있지만, 실제로는 더 복잡하고 심오한 역할을 한다. 도파민은 단순히 기쁨을 전달하는 것이 아니다. 도파민의 진짜 기능은 기대감과 동기부여다. 우리가 어떤 목표를 향해 움직이도록 만들고, 그 목표에 가까워질 때마다 보상 신호를 주어 "잘하고 있다."라고 말해주는 신경전달물질이다. 그래서 도파민은 '행동의 설계자'이자 '의지의 불꽃'이라 불릴 만하다.

도파민은 양날의 검이다. 긍정적 방향으로 쓰일 때는 창조적 사고, 자기 계발, 성취감을 낳지만, 부정적 루트로 작동하면 중독, 불안, 회피, 자포자기로 이어질 수 있다. 마치 뇌가 보상을 '잘못된 방향'에 연결시켜 버리는 것이다. 알코올, 도박, SNS, 폭식, 음란물까지 모두 이 도파민 시스템이 비정상적으로 작동할 때 생기는 현상들이다.

도파민은 우리가 '원하는 것'을 추구하게 만들지만, 항상 '좋은 것'을 원하는 건 아니다. 이 차이를 인식하지 못하면, 우리는 자신도 모르게 중독의 소용돌이에 빠진다.

나는 그것을 너무도 잘 안다. 내 인생은 도파민의 함정에서 시작해, 도파민을 다시 길들임으로써 다시 살아난 여정이었다. 알코올 중독으로 아내를 잃고 삶의 나락으로 떨어졌던 시간. 그때 나는 '마음'이 아닌 '도파민'이 나를 조종하고 있었다는 사실을 몰랐다. 도파민은 매일 밤, 고통을 잊게 해주는 술 한 잔을 보상이라 착각하게 만들었고, 나는 그 보상의 사슬에 묶여 있었다.

그렇다고 도파민이 무조건 위험한 적은 아니다. 오히려 그 작은 신호는 삶을 바꾸는 기회이자 트리거다. 문제는 도파민이 나오는 게 아니라, 그 도파민을 어디에 쓸 것인가다. 부정적인 생각에 계속 도파민을 먹이면 걷잡을 수 없이 커지고, 긍정적인 생각에 연결하면 선순환이 시작된다.

이 책은 바로 그 생각과 도파민의 확장 기술에 대한 이야기다. "어떻게 도파민을 끊을 것인가?"가 아니라, "어떻게 좋은 도파민의 흐름을 선택하고 키울 것인가?"를 묻는다.

즉, 작은 불씨 하나를 꺼트리는 게 아니라, 그 불씨를 더 큰 불꽃으로 키워 다른 어두운 생각들이 들어오지 못하도록 하는 것이다. 나 역시 그렇게 내 인생을 바꿨다. 죽음의 문턱에서 살아 돌아온 사람이, 공학박사가 되어 아프리카에서 선순환 농업을 전하는 사람이 되었다.

그 시작은 대단한 철학이나 거대한 깨달음이 아니었다.

'하나의 생각을 선택하고, 그 생각에 도파민을 붙이고, 다시 한번 반복하고… 점점 확장해 나간 것' 그게 전부였다. 하지만, 그 전부가 나를 바꿨다.

지금 당신의 삶이 지겹고, 아무 의욕이 없고, 매일 똑같은 일상에 짓눌려 있다면, 어쩌면 당신의 도파민 회로는 이미 '보상의 오류'에 빠져 있을지도 모른다. 무기력함은 게으름의 문제가 아니라, 도파민의 방향이 잘못되었기 때문일 수 있다. 그렇다면 해결책은 무엇일까? 도파민을 제거하는 것이 아니라, 도파민의 흐름을 바꾸는 것이다. 당신의 도파민이 진짜 원하는 방향으로 작동하게 만드는 것, 그 트리거를 다시 당기는 것. 그것이 이 책의 시작이고, 내 인생의 전환점이기도 하다.

도파민은 생각과 직결되어 있다. 우리가 어떤 생각을 할 때마다 도파민은 그 신호를 따라 움직인다. 긍정적인 생각은 긍정적인 행동을, 부정적인 생각은 파괴적인 행동을 유도한다. 하지만 놀랍게도, 생각은 훈련할 수 있다. 그리고 도파민은 훈련된 생각에 반응해, 새로운 보상 회로를 만든다. 이 책에서 나는 그 방법을 공유할 것이다.

이제 도파민을 두려워하지 말고, 그것을 의식적으로 작동시킬 힘을 가지자. 중독이 아니라 동기를, 파괴가 아니라 창조를 위해. 나의 삶이 그 증거고, 이 책은 당신의 변화가 시작될 트리거가 될 것이다.

도파민이
삶을 움직이는 방식

우리는 아침에 눈을 뜨는 그 순간부터 도파민의 영향권 안에 들어간다. 눈을 뜨고, 일어나고, 커피를 마시고, 출근을 준비하는 모든 행동에는 공통된 추진력이 있다. 바로 '기대'다. 이 기대가 뇌에서 도파민을 분비하고, 도파민은 우리 몸을 움직이게 만든다. 말하자면 도파민은, 우리가 '하고 싶다'라고 느끼는 거의 모든 감정의 연료다.

무언가를 하고 싶다는 느낌, 그것은 자발적으로 생겨나는 것이 아니라, 도파민 시스템이 판단하고 보내는 신호다. 놀랍게도 이 시스템은 우리가 의식하기 전에 먼저 작동한다. 뇌는 과거의 경험, 감정, 결과를 빠르게 스캔해서 '보상 가능성'을 계산하고, 그 가능성이 높다고 판단되면 도파민을 분비해 우리를 끌어당긴다. 도파민은 명령이 아니라 유혹이다. 억지로 하라고 하지 않는다. 대신,

'그걸 하면 기분이 좋아질 거야'라는 식으로, 부드럽게 방향을 제시한다.

예를 들어보자. 스마트폰 알림이 울릴 때 우리는 거의 반사적으로 손을 뻗는다. 화면을 켜기 전부터 이미 도파민은 분비되기 시작한다. 왜냐하면 그 알림 속에 어떤 보상이 있을지 모른다는 '기대'가 뇌를 자극했기 때문이다. 그것이 좋아요 하나든, 메시지 한 줄이든, 또는 아무것도 아니든, 뇌는 보상 가능성을 느끼는 순간 이미 반응하고 있다. 우리는 그렇게 수없이 많은 '도파민 루프' 안에서 하루를 살아간다.

도파민이 삶을 움직이는 방식은 크게 세 단계로 설명할 수 있다.
첫째, 예측(Prediction)이다.
도파민 시스템은 어떤 행동을 했을 때 긍정적인 결과가 있을지 미리 판단한다.
둘째, 추진(Motivation)이다.
보상이 예측되면 도파민은 그 행동을 하도록 신체와 감정을 자극한다.
셋째, 보상(Reward)이다.
실제로 기대한 결과가 오면 도파민이 보상 반응을 강화하고, 다음에도 그 행동을 반복하게 만든다.

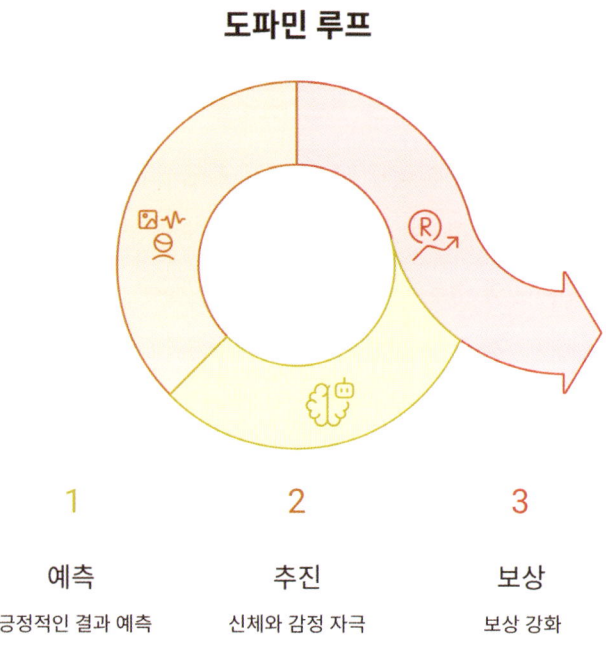

이 회로가 반복되면, 우리는 그것을 '습관'이라 부르게 된다.

문제는 이 회로가 반드시 '좋은 것'에만 작동하지 않는다는 데 있다. 실제로 도파민 시스템은 생존을 위해 빠르게 반응하도록 진화했기 때문에, 단기적인 자극에 더 강하게 반응한다. 그래서 단기 쾌락(폭식, 음주, 쇼핑, SNS)에 중독되기 쉬운 것이다. 즉각적인 보상이 반복될수록 도파민은 더 자주, 더 강하게 그 자극을 찾게 되고, 결국 뇌는 장기적인 만족보다는 즉시의 자극에만 반응하는 방향으로 재편된다.

나 역시 이 구조에서 벗어나지 못했다. 처음에는 단지 외로움을 잊고 싶었고, 다음에는 괴로움을 잠재우고 싶었다. 그때마다 술은 가장 빠른 위안이었다. 뇌는 그것을 기억하고, 다시 반복하라고 명령했다. 내가 원해서 마시는 줄 알았지만, 사실은 뇌가 이미 '보상 경로'를 고정해 버린 상태였다. 알코올이 아니라, 알코올을 향한 도파민의 경로가 나를 지배하고 있었던 것이다.

그렇다면 어떻게 해야 이 강력한 시스템을 다시 조율할 수 있을까? 방법은 있다. 도파민은 단지 화학물질이 아니라, 조건에 따라 움직이는 에너지이기 때문이다. 이 에너지를 단기 자극에서 떼어내고, 장기 목표에 연결하는 것이 핵심이다. 목표가 분명해지고, 그 목표가 작고 구체적인 행동으로 연결될 때, 도파민은 새로운 경로로 흐르기 시작한다.

몰약 연구를 시작한 이후, 나는 매일 아침 새 노트를 꺼내 실험 계획을 세우고, 작게나마 진전이 있을 때마다 스스로에게 보상을 줬다. 그게 거창한 것은 아니었다. 한 모금의 따뜻한 차, 하루의 일기를 쓰는 시간, 작은 성과를 기록하는 기쁨이었다. 그렇게 반복하면서 도파민은 새로운 보상 시스템에 적응해 갔고, 나의 삶도 점차 다른 방향으로 움직였다. 도파민이 통제할 수 있는 시스템이라는 사실을 깨달은 순간, 나는 그 에너지를 내 삶의 진정한 엔진으로 바꾸기 시작했다.

결국 삶을 어디로 이끌지는 우리가 무엇을 기대하고 선택하느냐에 달려 있다. 도파민은 움직이되, 그 방향은 우리가 설정해야 한다. 이 책은 그 방향을 바꾸는 이야기고, 당신이 그것을 실행할 수 있다는 증거다.

나쁜 도파민의 함정, 중독의 시작

도파민은 우리 삶의 엔진이지만, 잘못된 연료를 넣는 순간 폭주하는 괴물이 된다. 도파민은 방향을 따지지 않는다. 단지 '보상'을 향해 작동할 뿐이다. 그 보상이 술이든, 마약이든, 도박이든, 혹은 자기 파괴적인 관계든, 도파민은 "이걸 하면 기분이 좋아질 거야!"라는 신호만 보낸다. 바로 그것이 중독의 시작이다.

나는 한때 알코올 중독자였다. 지금도 생생히 기억난다. 술이 없으면 불안했고, 손은 떨리고, 마음은 조급해졌다. 마치 내 몸이 나에게 "지금 당장 뭔가를 해야 해!"라고 외치는 것 같았다. 그때는 단순히 '술이 마시고 싶다'는 욕망이 아니라, 정말로 '이걸 안 하면 죽을 것 같은' 절박함이었다.

어느 한 프로그램 중 마약 중독자들의 금단 증상을 이렇게 비유한 걸 본 적이 있다.

"고속도로를 달리는 버스 안에서 갑자기 화장실이 너무너무 급해진 상황을 떠올려 보라. 땀은 비 오듯 흐르고, 소름이 돋고, 몸은 안절부절못하며, 당장 이 버스에서 나가지 않으면 안 될 것 같은 극도의 긴장감이 온몸을 휘감는다. 그런데 그 상태가 몇 시간이고, 며칠이고 계속된다면? 그게 바로 중독이다. 단순한 욕구가 아니라 생존 본능처럼 느껴지는 '도파민 폭풍'인 것이다."

실제로 과거에는 마약 수사를 담당하던 경찰들 중에서도 단 한 번의 체험으로 절제를 잃고 중독에 빠져 인생이 무너진 사례가 있었다고 한다.

그 때문에 잠복수사 중에도 어떤 경우라도 마약을 직접 경험하지 말라는 강력한 내부 지침이 내려졌다고 전해진다. 그만큼 강력하고, 한 번 엮이면 인간의 의지조차 무력하게 만든다. 도파민은 우리 뇌 속에서 가장 똑똑하고 강력한 조종사처럼, 우리의 '생존 시스템'을 납치해 버린다.

중독은 '쾌락의 반복'이 아니라 '고통의 회피'에서 시작된다. 술이 주는 달콤함 때문이 아니라, 고통을 견딜 수 없어서 다시 손이 가는 것이다. 처음에는 즐기기 위해 시작하지만, 나중에는 괴로움을 피하고자 반복하게 된다. 그때 도파민은 더 이상 '행복'의 화학

물질이 아니다. 고통을 모면하게 해주는 '거짓된 위안의 약속'으로 변질된다.

여기서 중요한 건 이 모든 것이 의지가 약해서가 아니라, 도파민 회로가 왜곡되어 있기 때문이라는 사실이다. 뇌는 보상의 기억을 가장 강하게 저장하고, 반복된 자극은 그 기억을 점점 고정된 회로로 만든다. 그래서 한 번 중독의 루트가 형성되면, 뇌는 계속해서 같은 경로로 도파민을 요구한다. 마치 고장 난 나침반이 계속 잘못된 방향을 가리키듯이.

엄밀히 말해 중독은 뇌의 회로가 '왜곡된 보상'을 학습한 결과다. 나도 몰랐을 땐 "내가 왜 이러지?" "내가 나약해서 그런가?" 하며 자책했다. 하지만 도파민이 어떻게 작동하는지를 알고 나니, 그것은 나약함이 아니라 신경 회로의 문제, 다시 말해 생물학적인 문제였다. 그래서 중독을 해결하기 위해서는 뇌를 다시 훈련하고, 도파민의 흐름을 새롭게 설계해야 한다.

앞에서 도파민이 양날의 검이라고 비유한 것처럼, 처음에 도파민은 우리를 사랑에 빠지게 하고, 도전하게 만들고, 꿈을 꾸게 한다. 하지만 그것이 과잉되거나 방향을 잃으면, 파괴적인 중독으로 변하기 쉽다. 바람, 도박, 집착, 음란물, 심지어 일중독까지 모두 도파민이라는 이름의 보상 시스템이 오작동할 때 생기는 결과물이다.

이렇듯 중독은 단절이 아니라, 왜곡이다. 그리고 그것은 회복될 수 있다. 나는 그 어둠의 끝에서 도파민을 다시 배우기 시작했다. 내가 이 책을 쓰는 이유도 그것이다. 도파민은 우리를 망가뜨릴 수도 있지만, 동시에 우리를 다시 일으킬 수도 있다. 그 차이는 생각의 방향, 선택의 반복, 그리고 트리거를 어디에 둘 것인가에 달려 있다.

도파민과 중독의 여정

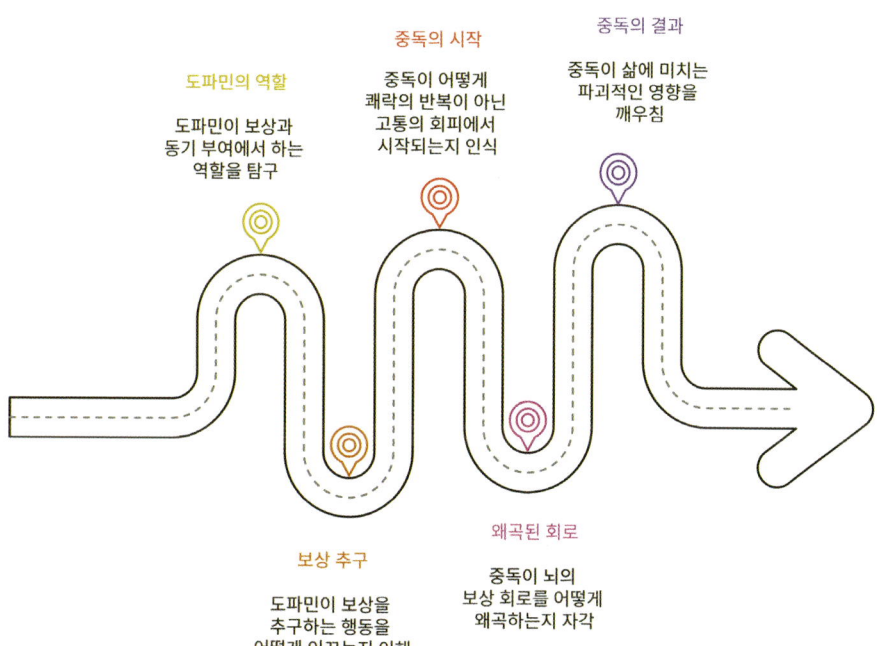

도파민을
긍정의 트리거로 바꾸는 법

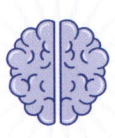

많은 사람들은 도파민이 나오면 기분이 좋아지고, 생각도 따라서 긍정적으로 바뀐다고 여긴다. 하지만 그 순서는 반대다. 생각이 먼저다. 우리가 어떤 생각을 하느냐에 따라 도파민이 분비되기도 하고, 때로는 노르에피네프린 같은 스트레스 호르몬이 나오기도 한다. 결국, 뇌가 느끼는 보상과 고통의 경계는 생각이 만든 신호에 따라 결정된다.

예를 들어, 평범한 밥 한 끼를 먹는 순간을 떠올려 보자. 똑같은 메뉴의 음식을 먹더라도 '아, 정말 감사하다. 이 밥 한 끼가 얼마나 귀한가!'라고 생각하는 순간, 뇌는 도파민과 세로토닌을 분비한다. 반대로 '이게 뭐야, 또 이거야?'라는 불평의 생각이 들면, 뇌는 긴장과 불안을 유발하는 노르에피네프린을 내보낸다. 음식이 변한 게 아니라, 내 생각이 만든 감정이 다르게 반응한 것이다.

즉, 도파민은 내가 무엇을 바라보고, 어떻게 해석하느냐에 따라 전혀 다른 방식으로 작동한다. 우리는 도파민의 노예가 아니라, 그 방향을 선택할 수 있는 존재다. 내가 내 삶에서 어떤 부분에 '보상'을 설정할 것인지, 어떤 생각을 '중요하다'고 여길 것인지를 선택하는 순간, 뇌는 그 신호에 따라 움직인다.

나는 과거에 술이라는 자극에 보상을 부여했던 사람이다. 힘들고 외로울 때마다 '이걸 마시면 벗어날 수 있어'라고 생각했고, 뇌는 그 생각을 학습해 도파민 회로를 거기에 맞춰 굳혀버렸다. 하지만 그것이 파괴로 향한다는 걸 깨닫고 나서, 나는 내 생각의 방향을 바꾸기 시작했다.

'나는 술 없이도 평안할 수 있어. 나는 지금도 살아 있고, 변화할 수 있어!'
이런 생각을 하기 시작했다. 처음엔 억지처럼 느껴졌지만, 반복할수록 나의 감정이 조금씩 따라오기 시작했다.

이렇듯 도파민은 기계적인 신경 반응이 아니다. 그것은 생각이라는 열쇠로 열리는 뇌의 반응 시스템이다. 누군가는 아침에 눈을 뜨자마자 스트레스를 느끼고, 누군가는 같은 상황에서도 새로운 하루가 시작됐다고 느끼며 미소를 짓는다. 차이는 환경이 아니라, 해석의 차이, 즉 도파민의 트리거를 어디에 걸어두었는가에 있다.

행복도 마찬가지다. 감정이라는 것은 어디선가 뚝 떨어지는 게 아니다. 그것은 생각이라는 씨앗에서 자라나는 결과물이다. 어떤 일이 일어나든, 우리가 그 상황을 어떻게 바라보느냐에 따라 감정이 따라온다. 그리고 그 감정에 따라 뇌는 화학물질을 분비한다. 행복은 생각이 만든 감정이고, 도파민은 그 감정을 강화하는 보상 물질이다.

이 말은 결국, 우리가 도파민의 흐름을 설계할 수 있다는 뜻이다. 매일 아침 긍정적인 생각으로 하루를 시작하는 습관, 감사한 마음으로 음식을 먹는 습관, 도전과 성장을 보상으로 여기는 습관 —all of these things reshape our brain. 이 모든 습관은 뇌의 도파민 회로를 재설계하며, 새로운 방향으로 강화한다. 중독에서 빠져나온 나는 이제 도파민을 새로운 방식으로 사용한다. 몰약 연구를 하며 느끼는 몰입감, 작은 실험이 성공했을 때의 짜릿한 기쁨, 누군가의 회복 이야기를 들을 때의 감동— 이런 것들이 이제 내 도파민의 트리거가 되었다. 똑같은 화학물질이지만, 이제는 내 삶을 파괴하는 대신 살리는 에너지가 된 것이다.

도파민은 방향이 없는 에너지다. 그것을 어디로 틀지, 무엇에 연결할지는 우리의 생각에 달려 있다. 생각이 곧 도파민의 스위치다. 그러니 이제 당신이 원하는 방향으로 그 스위치를 눌러보라. 긍정의 트리거는 언제나 당신 손안에 있다.

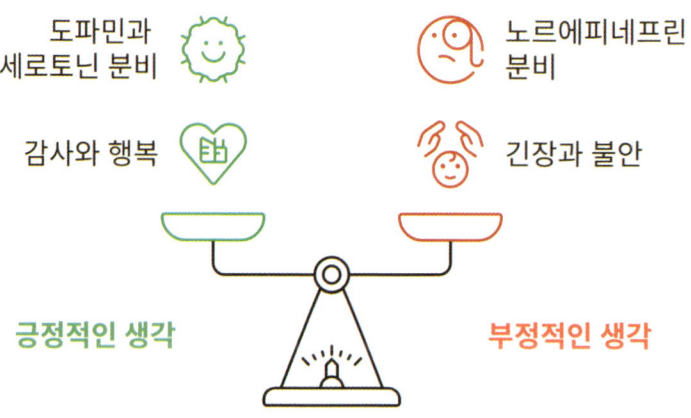

생각과 도파민 그리고 선순환

내가 처음 '선순환'이라는 단어를 들었을 때 떠올린 그림은 단순했다.

"선한 것이 고리를 물고 계속 돈다."

이 한 문장이었다. 그저 단순하게 생각했는데 그 안에 엄청난 힘이 숨어 있었다. 긍정적인 생각이 또 다른 긍정을 낳고, 그 결과가 다시 더 나은 생각을 이끄는 구조. 그렇게 작은 시작이 인생 전체를 바꾸는 커다란 흐름이 될 수 있다는 것. 나는 이 흐름을 '생각의 선순환'이라 불렀다.

그러나 나는 오랫동안 그 반대편에 있었다. 악순환의 고리. 부정적인 생각이 나를 짓눌렀고, 그 생각은 내 몸에서 스트레스 반응을 일으켰다. 결국 또 다른 부정적 선택과 감정을 불러오는 악순환의 연속이었다.

'나는 안 돼', '이렇게 살아서 뭐 해', '어차피 변하지 않아' 이러한 생각들이 나를 술로 이끌었고, 술은 또 후회와 자괴감으로 되돌려보냈다. 그 고리는 완벽하게 닫혀 있었고, 나는 그 안에서 벗어나지 못했다.

사람들은 흔히 "그 사람 성격이 원래 그래.", "타고난 성향이야!"라고 말하지만, 나는 그렇게 생각하지 않는다. 모든 인간은 두 가지 생각 패턴을 동시에 가지고 있다. 긍정적인 나와 부정적인 나. 이 둘은 늘 우리 안에서 공존한다. 나 역시 그랬다. 술에 취해 무너진 나와, 새벽에 몰약을 실험하던 나. 이 두 사람은 결국 같은 사람이었다. 다만, 어느 생각에 도파민이 연결되었느냐가 문제였다.

이 장에서 말하고 싶은 핵심은 이것이다. 생각이 먼저고, 도파민은 그것을 강화하는 에너지라는 것. 아무리 좋은 자극이 주어져도, 생각이 부정적으로 닫혀 있다면 그 도파민은 나를 더 깊은 중독으로 끌어내릴 수 있다. 반대로, 작고 평범한 일상이라도 그것을 감사와 긍정의 의미로 받아들인다면, 도파민은 그 경험을 더 생생하게 각인시키고 다음에도 같은 선택을 하도록 돕는다. 도파민은 '보상의 에너지'일 뿐이다. 어떤 방향으로 사용하느냐는 전적으로 생각의 몫이다.

선순환과 악순환의 고리

> 선순환이란 무엇인가?

> 선한 것이 고리를 물고 계속 돈다. 긍정적인 생각이 또 다른 긍정을 낳고, 그 결과가 다시 더 나은 생각을 이끄는 구조다.

> 악순환이란 무엇인가?

> 부정적인 생각이 나를 짓눌렀고, 그 생각은 내 몸에서 스트레스 반응을 일으켰다. 결국 또 다른 부정적 선택과 감정을 불러오는 악순환의 연속이었다.

결국 중요한 것은 도파민을 어떻게 트리거로 삼을 것인가다. 나는 과거에 술과 절망, 외로움을 도파민의 트리거로 삼았던 사람이다. 그 결과는 뻔했다. 모든 것이 무너졌다. 하지만 방향을 바꿨다. 몰약이라는 희망에, 연구라는 집중에, 그리고 회복이라는 가능성에 도파민을 연결했다. 처음엔 미미했던 변화가 어느 순간부터 흐름이 되었다. 흐름이 이어져 습관이 되었고, 습관이 삶의 구조를 바꾸었다. 그 순간 나는 깨달았다. 선한 생각이 고리를 만들어 계속 돌아가고 있다는 것을.

생각은 현실을 만든다. 그 현실이 또 다른 생각을 낳는다. 그리고 그 고리를 도파민이 조용히, 그러나 강력하게 잡고 있다. 도파민이란 신경전달물질은 결국 내가 어떤 삶을 살아가기로 선택했는지를 강화하는 시스템이다. 부정의 회로에도, 긍정의 회로에도 연결될 수 있다. 선택은 오직 나에게 달려 있다.

이제 우리는 첫 번째 고리를 잡을 준비가 되었다. 선한 생각 하나. 그것이 곧 선순환의 시작점이다. 이 고리가 연결되면, 도파민은 그 길을 따라 흐르며 삶 전체를 변화시킬 것이다. 당신이 지금 어떤 자리에서 어떤 감정 속에 있든, 이 책을 들고 있다는 것은 이미 첫 선한 고리를 움켜쥔 것이다.

그러니 이 질문을 스스로에게 던져보라.

"지금 내 도파민은 어디에 연결되어 있는가?"

그리고 조용히 방향을 바꿔보라.

생각을. 그리고 삶을.

모든 것은 지금, 당신의 머릿속에서 시작된다.

생각과 행동의 순환

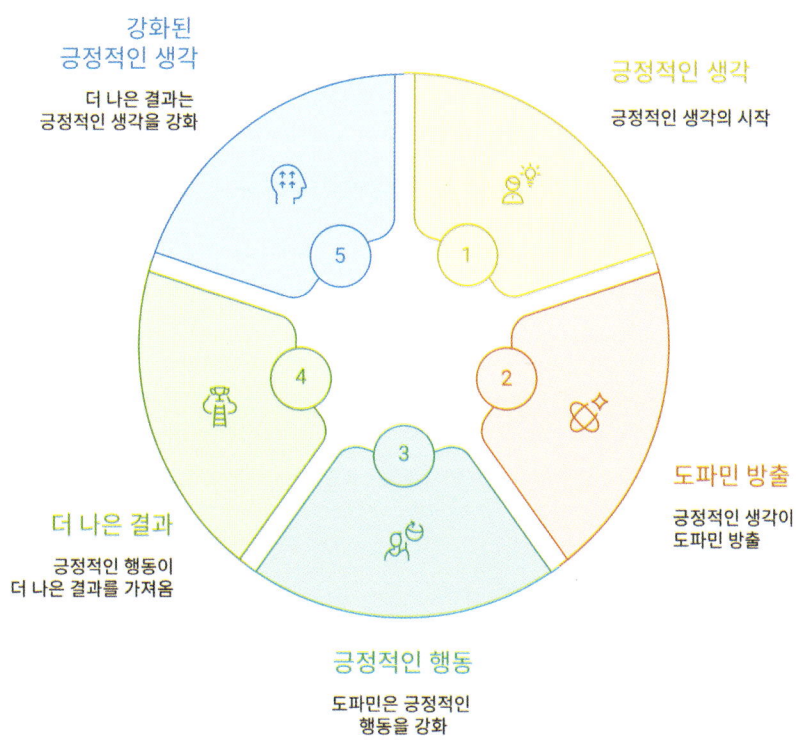

PART 2

생각이 현실을 만든다

D O P A M I N E T R I G G E R

뇌에서 시작되는 변화

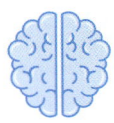

도파민 중독에서 벗어날 수 있었던 나의 첫걸음은, '생각'의 방향을 들여다보는 일이었다. 우리는 흔히 감정이 행동을 이끌고, 행동이 결과를 만든다고 믿는다. 하지만 진짜 시작점은 '생각'이다.

모든 변화는 머릿속에서 먼저 시작된다. 나는 알코올 중독과 싸우던 시절, 도파민의 늪에서 허우적대며 이런 생각을 했다.
'왜 나는 같은 실수를 반복할까?'
이 질문의 답은 단순한 의지력 부족이 아니었다. 내 생각 자체가 왜곡되고 중독되어 있었던 것이었다.

뇌과학자이자 심리학자이며,『감정은 어떻게 만들어지는가』(How Emotions Are Made)의 저자 리사 펠드먼 배럿 박사는 말한다.

"생각은 뇌가 판단을 내리기 전, 과거의 기억을 불러와 시뮬레이션하는 과정이다."

즉, 우리의 뇌는 행동을 결정하기 전에 수많은 '가상현실'을 먼저 떠올려 본다. 이 시뮬레이션이 부정적이면 현실도 부정적으로 움직이고, 긍정적이면 나아갈 길이 보이게 된다.

당시 나의 뇌는 오랫동안 부정적인 기억과 감정으로 학습되어 있었다. 무언가를 시작하려고 하면 '넌 안 될 거야'라는 시뮬레이션이 먼저 떠올랐고, 새로운 도전을 앞두고도 '해봤자 실패야'라는 생각이 머릿속을 점령했다. 이러한 반복된 부정적 시뮬레이션이 뇌를 착각하게 만들었고, 그에 따라 도파민은 '회피'와 '중독'이라는 잘못된 보상을 주었다. 하지만 나는 그 흐름을 끊기로 했다.

"그럼, 선순환 생각을 나부터 해보자. 내 몸부터 선순환을 해보자."

이 단순한 다짐이 생각을 바꾸기 시작했고, 생각의 변화는 다시 감정과 행동, 삶의 태도를 바꿔놓았다. '긍정적인 것을 보고, 긍정적인 소리를 듣고, 긍정적인 것을 먹고, 긍정적인 생각을 하자' 이 반복이 쌓여서 악순환을 끊고 선순환으로 진입하는 문이 되었다.

생각은 감정의 원천이다. 우리는 생각을 통해 도파민을 만들

수도 있고, 노르에피네프린을 분비할 수도 있다. 같은 밥을 먹어도 어떤 생각을 하느냐에 따라 즐거움이 될 수도, 스트레스가 될 수도 있다는 뜻이다. 결국 행복은 생각에서 만들어지는 감정이며, 감정은 뇌의 생화학적 신호를 변화시키는 물질이 된다.

나는 이제 안다.
생각은 단지 스쳐 지나가는 잡념이 아니라, 내 현실을 창조하는 씨앗이었다. 그 씨앗을 어떻게 심고 키우느냐에 따라, 지옥이 되기도 하고 낙원이 되기도 한다. 그리고 나는, 마침내 그 씨앗을 바꾸는 법을 배웠다.

가난과 절망 속에서
피어난 생각

나는 생각이야말로 마법과도 같은 힘을 지녔다고 믿는다.

어린 시절의 나는 그 '마법'을 현실로 바꾸고 싶었다. 무엇 하나 풍족한 날이 없었고, 그 결핍은 내 몸뿐 아니라 내 마음과 삶 전체를 움츠리게 했다. 하지만 그 속에서도 살아남고 싶었고, 벗어나고 싶었다. 결국 생각이 나를 그 지독한 가난과 절망 속에서 끌어낸 일이 있었다.

한글도 겨우 배우던 그 시절, 중학교에 입학하는 것도 흔치 않았던 시절이었다. 섬에 살던 내가 부모님의 반대에도 어렵게 중학교에 입학하게 되었다. 중학교에 가기 위해 나는 매일 아침 4시에 일어나야 했다. 어두운 새벽, 겨우 눈을 비비며 일어나 서서 아침을 대충 먹고, 한 시간 반 동안 산길을 걸어 동네 선착장까지 갔다. 그곳에서 7시에 출발하는 배를 타고 바다를 건넜고, 다시 한 시간을 걸어 학교에 도착했다. 왕복 다섯 시간이 넘는 거리. 그것이 내가 매일 오가야 했던 통학길이었다.

[1] 지도로 본 고향 능산도

당연히 학교에 다녀온 뒤에는 아무것도 하기 힘들었다. 무엇을 했는지조차 기억나지 않을 정도로 피곤했고, 주말이 되면 정신이 혼미해졌다. 특히 겨울이 되면 더 혹독했다. 해가 짧아져 학교를 마치고 돌아오는 길이면 벌써 어둠이 마을을 덮고 있었다. 선착장에 내려 한 시간 반을 걸어야 집에 갈 수 있었지만, 그 길은 가로등 하나 없는 칠흑 같은 밤이었다. 그래서 나는 마을의 친척집에 가서 밥을 얻어먹고, 하룻밤 자고 집으로 돌아오곤 했다. 그렇게 일 년을 버텼다.

그러던 어느 날, 문득 이런 생각이 들었다.
'이렇게 살아서는 안 되겠다. 이대로는 안 된다!'
중학교 졸업이 곧 끝이라는 생각이 들자, 마음이 조급해졌다. 그런데 마침 서울에서 직장생활을 하던 형이 떠올랐다. 갑자기 '서울로 전학을 가면 어떨까?'라는 생각이 들었다. 처음엔 너무나 황당한 생각이라 나 자신도 웃음이 나왔다. 하지만 그 생각은 점점 단단해졌고, 결국 행동으로 옮기게 되었다.

나는 형에게 편지를 쓰기 시작했다. 형 밥도 해주고, 빨래도 하고, 청소도 할 테니 나를 서울로 데려가 달라고 했다. 일종의 거래였다. 형은 처음에 단호하게 거절했다.
"서울은 눈 깜짝할 사이에 코 베어 간다. 어머니 도와드리고 시골에서 학교나 열심히 다녀라."
편지는 그렇게 돌아왔다.

그때 나는 어머니가 글을 모르신다는 걸 떠올렸다. 편지의 내용을 완전히 바꿔 어머니께 읽어드렸다.
"동생이 서울 가서 밥도 해주고 빨래도 해주면 형이 돈 더 많이 벌어서 어머님께 효도할 수 있대요."

완전히 과장된 이야기였지만, 어머니는 곧장 학교를 찾아가 전학 신청을 하셨다. 마침내 나는 형이 사는 서울 주소로 주민등록을 옮기고, 중학교 2학년을 마친 뒤 서울로 전학 가게 되었다.

이 모든 일의 시작은 생각이었다. 그저 막연한 하나의 생각. '내가 서울로 가면 좋지 않을까?'라는 불가능해 보이던 상상이 현실이 되는 과정을 겪으며 나는 깨달았다. 생각은 현실을 만드는 힘이다. 마법처럼 느껴지는 이유는 단순히 상상해서가 아니라, 그것이 현실을 끌어당기는 강력한 동력이기 때문이다.

좋은 생각이든, 나쁜 생각이든 결국 현실의 밑그림이 된다.
나는 이 어린 시절의 경험을 통해 '생각의 방향'이 얼마나 중요한지 뼈저리게 느꼈다. 가난과 절망 속에서도 생각만큼은 포기하지 않았기에, 지금의 내가 존재할 수 있었던 것이다.

부정적 생각의 결과

생각은 현실이 된다.

그것은 내 인생을 일으켜 세우는 힘이 되었지만, 동시에 나를 가장 깊은 어둠으로 끌어내리는 굴레이기도 했다.

서울 전학이라는 '기적'을 만들어 낸 이후, 나는 고등학교에 진학했고, 누구보다도 열심히 살았다. 내가 상상하던 미래는 그렇게 하나씩 눈앞에 펼쳐지기 시작했다. 고마운 형 덕분에 학교를 다닐 수 있었고, 졸업 후에는 직장도 얻고, 가정도 꾸렸다. 가난과 결핍으로부터 벗어나자, 나는 이렇게 생각했다.

'이제는 괜찮다!'

하지만 바로 거기서, 나는 처음으로 '생각'을 놓치고 말았다.

가난 속에서는 하루하루가 생각의 연속이었다. 어떻게든 벗어나야 한다는 의지, 한 발짝이라도 앞으로 나아가겠다는 절실함, 그 간절한 생각들이 나를 움직였고 변화시켰다. 그런데 어느 순간, 배가 부르니 생각이 멈췄다. 더 이상 무언가를 간절히 원하지 않게 되었고, 지금 이대로도 괜찮다는 착각에 빠졌다.

그때 내 뇌는, 그렇게 '망각'을 시작했다.

생각은 줄어들었고, 그 빈 자리를 향락이 채웠다. 눈앞의 편안함이 모든 것처럼 느껴졌고, 나는 점점 나 자신을 잃어갔다. 누가 뭐라 해도 내 귀에는 들어오지 않았고, 나는 내가 옳다고만 생각했다. 혼자만의 세계에 갇혀서, 혼자만의 생각으로 세상을 해석하며 살았다. 그 안에는 사랑도 없고, 감사도 없고, 책임도 없었다.

그리고 그 틈을 파고든 것이 바로 술이었다.

술은 처음엔 단순한 스트레스 해소였다. 일을 마치고 친구들과 한잔하는 건 특별한 일도 아니었다. 그러나 그것은 점점 일상이 되었고, 그러한 일상에 중독되기 시작했다. 집에 있어야 할 시간, 가족과 함께 시간을 보내야 할 순간에 나는 술자리에 있었다. 나를 필요로 하던 가정보다, 그 순간 나를 칭찬하고 인정해 주는 친구들과의 술자리가 더 달콤하게 느껴졌다.

내 생각은 스스로를 정당화했다.

"나는 열심히 일했으니, 이 정도 쉴 자격이 있다."

"술 한잔쯤이야, 누구나 다 그러는 거 아닌가?"

그 부정적인 자기 합리화는 생각의 방향을 무섭게 틀어버렸고, 그 방향은 곧 현실이 되었다.

나는 점점 술에 취해 인사불성이 되었고, 아내는 그런 나를 지켜보며 무너져갔다. 아내는 수없이 많은 신호를 보냈다. 말로, 눈빛으로, 행동으로, 간절함으로. 하지만 나는 그 신호를 해석하려 하지 않았다. 오히려 귀찮고 번거롭게만 느껴졌다. 마치 어린 시절, 아버지가 어머니의 신호를 알아차리지 못한 것처럼, 나도 그 길을 그대로 밟고 있었던 것이다.

그리고 결국, 나는 아내를 잃었다.

아내의 죽음은 그 어떤 것보다도 큰 충격이었다. 그 순간이 되어서야, 나는 비로소 생각했다.

'내가 그 신호를 조금만 더 빨리 알아차렸더라면…'

하지만 후회는 아무것도 되돌릴 수 없었다. 이미 내 생각은 너무 오랫동안 부정적인 회로 속에서 악순환을 반복했고, 그 끝은 너무나 참혹했다.

나는 그날 이후로 매일 스스로에게 묻는다.

"왜 그때는 생각하지 않았을까?"

"왜 그토록 당연한 사랑과 소중함을 놓쳐버렸을까?"

그리고 나는 그 답을 안다. 생각을 방치했기 때문이다. 내 안에서 일어나는 생각을 점검하지 않고, 경고의 신호를 흘려보냈기 때문이다.

그 결과는 중독, 외로움, 후회, 그리고… 돌이킬 수 없는 상실이었다. 이후로 나는 다시 '생각'이라는 단어를 붙잡았다. 처음 서울행을 꿈꿨던 소년처럼, 간절하게, 절박하게 다시 생각하기 시작했다. 그리고 이제는 안다. 생각이 얼마나 중요한지를. 생각이 얼마나 빠르게 현실이 되는지를.

그렇게 나는 다시 생각을 다듬기 시작했다. 내 인생을 회복하기 위해. 그리고 다시는 사랑하는 사람을 놓치지 않기 위해.

생각이 지옥을 만들고
행복을 짓는다

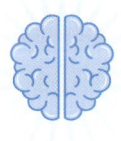

내 인생은 한때, 지옥이었다.

하지만 그 지옥도, 결국은 내 생각이 만든 세계였다. 누군가는 외부 환경 탓을 하고, 남 탓을 하며 산다. 나 역시 한때는 그랬다.

"세상이 나를 몰라준다."

"운이 나빴다."

"내 탓만은 아니다."

그렇게 외면하면서 내면은 망가졌다.

그런데 지금 나는 안다.

생각은 스스로 쌓은 벽이다. 그리고 그 벽돌 하나하나는 '기억'으로부터 왔다. 우리는 하루에도 수천 번의 생각을 한다. 그 생각들은 어디서부터 오는 걸까? 바로 '기억'이라는 뿌리 깊은 샘에서 올라온다. 그리고 그 기억은, 우리가 무엇을 보고 듣고 겪었는가에 따라 방향이 달라진다.

좋은 기억은 좋은 생각을 만든다.
따뜻한 엄마의 손길, 아버지의 웃음, 힘든 날 내 어깨를 토닥여준 친구의 말… 그런 기억은 나의 감정을 살리고, 마음을 따뜻하게 한다. 그 기억이 생각으로 연결될 때, 나는 누군가를 이해하려 하고, 또다시 좋은 행동을 하려는 마음이 생긴다.

반대로 나쁜 기억은 어떨까?
상처, 거절, 억울함, 분노, 외로움… 그런 기억은 생각을 병들게 한다. 사람을 미워하고, 세상을 불신하고, 나 자신을 깎아내리게 만든다. 그 결과가 무엇이었는지는 나도 뼈저리게 경험했다. 내 생각이 변질되자, 나의 감정도 행동도 관계도 모두 무너졌다. 그리고 결국은 사랑하는 사람까지 잃었다. 내가 만든 생각의 지옥이었다.

기억과 생각은 뇌 속에서 정교한 시뮬레이션을 통해 이루어진다. 미국 앨런 뇌 과학 연구소의 세계적인 신경과학자 크리스토프 코흐 박사는, 뇌가 입력된 정보를 바탕으로 수많은 언어와 기억, 감정을 조합하여 '생각'을 만든다는 시뮬레이션 가설을 제시했다.
예를 들어, '어머니'라는 단어 하나만 입력해도 뇌는 자동으로 어머니의 목소리, 표정, 냄새, 손의 감촉, 말투 등 수많은 기억을 떠올린다. 그리고 그 기억들이 한데 엮여 하나의 생각으로 조합된다.

그러므로 우리가 어떤 기억을 갖고 있는지가 우리의 생각을 결정짓는 가장 큰 열쇠다. '어머니'라는 단어에서 다정한 미소와 따뜻한 밥상이 떠오르는 사람은 사랑을 바탕으로 생각할 것이다. 하지만 어머니에 대한 아픈 기억만 남은 사람은 그 단어에서조차 상처를 떠올릴 수밖에 없다.

이처럼 기억은 생각의 연료다. 그리고 생각은 행동이 되고, 행동은 습관이 되고, 습관은 인생이 된다. 기억은 어디에 저장되는가? 뇌의 전두엽, 해마, 측두엽, 편도체, 소뇌 등 다양한 부위에 걸쳐 저장된다. 특히 감정이 실린 기억은 편도체에서 강하게 각인된다. 그래서 기쁘거나 슬프거나 무서운 경험은 오랫동안 생생하게 남아 우리 생각에 영향을 끼친다.

신경과학자 리사 제노바는 『기억의 뇌과학』에서, 우리가 무언가를 기억할 때마다 수많은 요소가 서로 얽히고 엮이며 활성화된다고 했다. 단순히 하나의 정보가 저장되는 것이 아니라, 수많은 감각적 요소가 네트워크처럼 엮여 기억되고, 그것이 생각의 뿌리가 된다는 것이다.

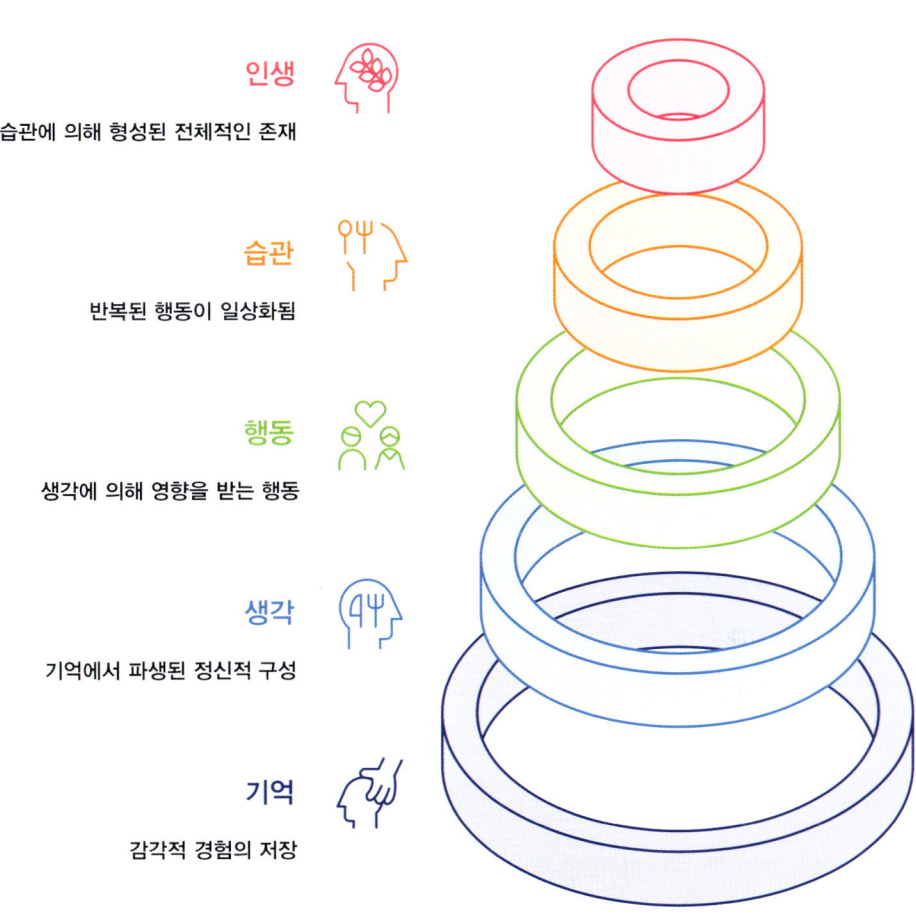

인생
습관에 의해 형성된 전체적인 존재

습관
반복된 행동이 일상화됨

행동
생각에 의해 영향을 받는 행동

생각
기억에서 파생된 정신적 구성

기억
감각적 경험의 저장

기억에서 인생으로

나는 아내와의 기억을 떠올릴 때마다, 이제는 두 가지 감정이 동시에 밀려온다. 하나는 따뜻함이다. 함께 웃고, 함께 울던 시간들과 다른 하나는 후회다. 그녀가 보낸 수많은 신호를 무시했던 순간들이다.

그 둘이 동시에 머릿속을 맴돌 때, 나는 매번 더 나은 생각을 하려고 다짐하게 된다. 좋은 기억을 붙잡고, 나쁜 기억은 교훈으로 삼자고. 그래서 나는 지금도 매일, 좋은 기억을 되살리려 한다. 그것이 생각을 바꾸는 첫걸음이기 때문이다.

생각은 지옥을 만들기도 하고, 다시 행복을 짓는 집이 되기도 한다. 당신의 생각은 지금 어디로 향하고 있는가? 과거의 기억들이 당신을 어떤 방향으로 이끌고 있는가? 기억을 바꾸기는 어렵지만, 기억을 바라보는 시선은 바꿀 수 있다. 그 시선이, 지금의 생각을 바꾸고, 생각이 당신의 오늘과 내일을 바꾼다.

모든 것은 생각에 달렸다

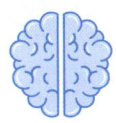

나는 왜 그 많은 신호를 감지하지 못했을까?

지금은 하루에도 수없이 나 자신에게 이 질문을 던진다. 아내가 보낸 신호는 분명했고, 강력했다. 말로, 눈빛으로, 표정으로, 심지어 침묵으로…

그녀는 나에게 '힘들다, 이러다 집이 무너질 수 있다, 외롭다'는 신호를 수없이 보냈다. 어머니가 아버지에게 그렇게 했던 것처럼, 아내는 간절하게 나를 향해 소리치고 있었다. 그런데 나는 듣지 않았다. 아니, 들을 생각조차 하지 않았다.

그녀의 신호는 내 뇌에 닿기도 전에 거부되었다. 나는 그것을 '잔소리', '나를 막는 방해', '이해하지 못하는 사람의 투정'쯤으로 생각했다. 그게 바로 내 생각의 프레임이었고, 그 프레임이 곧 나의 현실을 결정짓고 있었다. 그때 내 생각은 이미 부정의 늪에 깊숙이 빠져 있었다.

내 뇌는 도파민 과잉과 술의 자극 속에서 정상적으로 작동하지 못하고 있었고, 이기적이고 왜곡된 생각으로 가득했다.
'내가 얼마나 힘든데', '돈 벌어다 주면 된 거 아냐?', '그 이상 뭘 더 바라?'
그게 내가 하고 있던 생각의 전부였다. 문제는, 나는 사랑이라는 감정을 배운 적이 없었다는 것이다. 사랑은 그저 '책임을 다하는 것'이라는 식으로 배웠다. 밥 먹여주고, 집을 제공해 주고, 돈을 벌어다 주면, 그것으로 충분하다고 믿었다. 그 이상은 '과한 기대'라고 여겼고, 정서적 교감은 '사치'로 치부했다.

결국 나의 그 왜곡된 생각이, 아내가 보내는 수많은 신호들을 철저히 차단해 버린 것이다. 신호는 감지하려는 성실한 노력 없이는 보이지 않는다. 누군가의 표정 뒤에 숨은 진심을 읽으려면, 먼저 마음을 열어야 한다. 그리고 내가 겪었던 뇌 과학적 관점에서도, 사람은 이미 가진 '기억의 저장소'를 바탕으로 현실을 인식하고 판단한다.

내게는 '정상적인 사랑'의 기억이 없었다. 그러니 정상적인 사랑을 상상할 수 없었고, 아내가 보내는 정서적 신호도 왜곡되게 받아들일 수밖에 없었다. 내 기억 속엔 사랑이 아니라, 책임, 의무, 생존 같은 단어들만 남아 있었기 때문이다.

그 기억은 다시 생각을 만들었고, 그 생각은 나를 외롭고 고립된 세계 속으로 밀어 넣었다. 돌이켜보면, 내가 망쳐놓은 삶의 가장 큰 원인은 다른 누구도 아닌, 나의 생각이었다. 그 생각이 나의 감정, 말, 행동, 관계, 운명… 모든 것을 결정지었다. 지금 내가 확실히 말할 수 있는 것은, 모든 것은 생각에 달려 있다는 것이다.

생각이 바뀌면 감정도 바뀐다.
감정이 바뀌면 행동이 달라지고,
행동이 바뀌면 인생이 달라진다.

그렇다면, 인생을 바꾸는 가장 첫 번째 열쇠는 단 하나다.
'어떤 생각을 하느냐'에 대한 선택.

나는 지금도 매일 선택한다. 지금 이 감정은 어떤 생각에서 왔는지, 이 말 한마디는 어떤 생각에서 시작되었는지, 그 생각은 나를 어디로 이끌고 있는지… 이제 나는 신호를 감지하려 노력한다. 누군가의 말보다, 표정을 본다. 표정보다, 그 사람의 마음을 추측해 본다. 그리고 무엇보다, 내 안에서 어떤 생각이 움직이고 있는지를 날마다 들여다본다.

    생각을 다스릴 수 있게 되면, 인생은 분명히 달라진다. 나는 그 진리를 지옥 끝에서 깨달았고, 이제 그 깨달음을 한 사람에게라도 더 전하고 싶다.

무의식적인 생각

생각은 통제되지 않고 무의식적이다

생각 인식

생각의 기원과 방향을 인식한다

PART 3
{ 생각의 진화와 조절 }

D|O|P|A|M|I|N|E|T|R|I|G|G|E|R

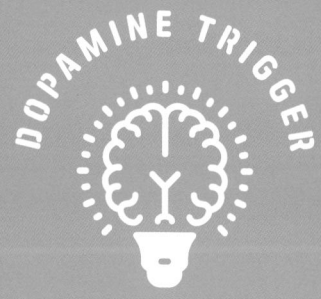

뇌의 예측 시스템

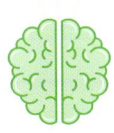

우리는 늘 신호 속에 살아간다.

신호는 말로만 주어지지 않는다. 표정, 몸짓, 기온의 변화, 바람의 방향, 눈빛, 분위기…

그 모든 것이 우리에게 '어떻게 반응해야 할지'를 알려주는 정보이며, 뇌는 그 정보를 바탕으로 예측하고 행동한다.

모든 생물은 신호를 감지하는 능력을 갖추고 있다.

동물은 후각, 청각, 시각, 촉각 등 다양한 감각기관을 통해 외부 신호를 받아들이고, 그 신호에 따라 생존과 번식, 그리고 종족 간의 관계를 결정짓는다. 식물조차도 빛과 온도, 수분의 흐름을 감지하여 자신의 생존 전략을 조절한다.

신경을 가진 생물이라면 그들 모두는 신호를 감지하고, 그에 따른 반응을 통해 생명을 이어간다. 일본의 신경생리학자 사노 규시 박사는 "신경을 가진 모든 동물은 마음을 가진다."고 말했다. 의식이라는 말이 거창하게 들릴지 몰라도, 감지하고 반응하는 뇌의 활동은 바로 '생각'의 원초적 형태다.

일본 도쿄대학 영장류 연구소의 미쓰자와 데쓰로 교수는 이렇게 말했다.
"동물도 생각을 하지만, 그 신호 체계가 제한적일 뿐이다."

이처럼 생각은 언어를 기반으로 한 고차원적인 것만이 아니라, 감지된 신호에 대한 반응 자체가 하나의 생각이라는 시작점을 말해준다. 하지만 우리는 그것을 자주 잊는다. 말로 하지 않으면 모른다고 생각한다. 눈치도 없고, 표정도 읽지 못하고, 감정도 놓친다. 그러다 보니 소통이 단절된다. 신호가 끊기면 관계도 끊긴다.

아마 반려동물을 키워본 사람이라면 공감할 것이다. 개는 말을 하지 않지만, 눈빛과 꼬리의 움직임, 짖는 톤 하나로도 무수한 신호를 보낸다. 고양이도 귀를 젖히고 등을 구부릴 때, '지금 기분이 나쁘다'는 것을 분명하게 표현한다. 하지만 우리가 그 신호를 감지하지 못하거나 무시하면 어떻게 되는가? 소통은 단절되고, 상호 스트레스가 생기며 결국 관계는 어긋나기 시작한다.

사람도 마찬가지다.

부부 사이에서, 부모 자식 사이에서, 친구 사이에서, 우리는 서로 끊임없이 신호를 주고받고 있다. 하지만 그 신호를 읽어내려는 성실한 노력이 부족하면, 관계는 점점 멀어지고 만다.

나는 지금도 후회하는 장면들이 있다. 아내가 보냈던 수많은 신호들 —외로움, 분노, 슬픔, 포기, 간절함— 그 모든 신호들은 나에게 보내는 '살려달라'는 외침이었다. 그때 나는 그 신호를 '귀찮음'이라 오해했고, '잔소리'라 치부했다. 그 결과, 나는 내가 가장 사랑했던 사람을 마음에서 멀어지게 만들었다. 왜 우리는 그토록 많은 신호를 놓치는 것일까?

그 이유는 뇌가 '예측'을 기반으로 작동하기 때문이다. 신호를 감지하면 뇌는 그 신호가 어떤 의미가 있을지 '예상'한다. 그 예측은 지금까지의 기억, 감정, 경험, 감각을 조합해 만들어낸다. 예를 들어 누군가 큰 소리로 말했을 때, 그것을 '화를 냈다'고 해석할 수도 있고, '기쁜 마음에 흥분한 것이다'라고 받아들일 수도 있다.

어떤 생각이 떠오르는가는, 내 기억과 감정의 데이터베이스가 어떤 방향으로 예측했느냐에 달려 있다. 이것이 바로 뇌의 예측 시스템이며, 이 예측은 때로는 나를 보호하지만, 반대로 나를 고립된 생각의 감옥에 가두기도 한다.

한집에 살아도 소통이 단절되는 이유는, 서로의 신호를 감지하지 못하고, 감지하려 하지 않기 때문이다. 예측이 부정적으로 굳어져 있으면 상대의 작은 말투도, 표정도 '비난'으로 받아들이고, '거절'로 해석한다. 그래서 우리는 되묻고 점검해야 한다.

나는 지금 어떤 생각의 예측을 하고 있는가?
내가 감지하고 있는 이 신호는 실제로 그런 의미일까?
내 뇌는 지금 건강하게 작동하고 있는가, 왜곡되어 있는가?

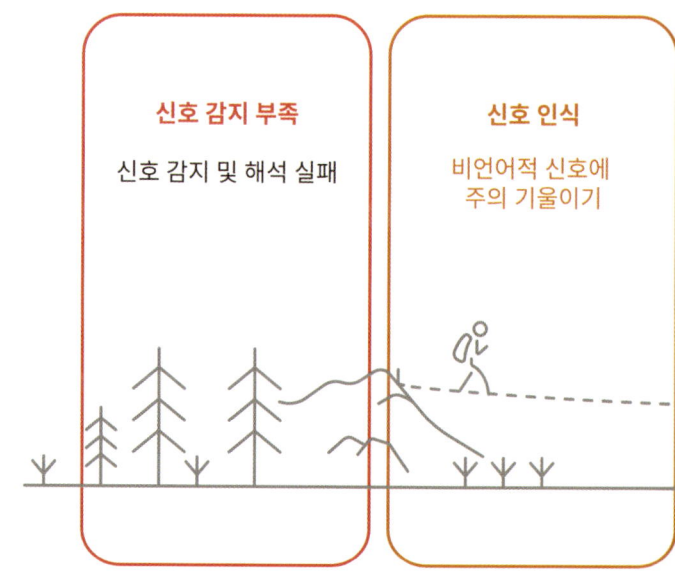

생각은 단순한 잡념이 아니다. 생각은 예측이며, 판단이고, 생존을 위한 시뮬레이션이다. 그러므로 생각을 제대로 하려면, 정확한 신호 감지와 올바른 예측 회로를 만들어야 한다. 이제 나는 하루에도 수많은 신호를 바라본다.

내 몸이 보내는 신호— 피로, 통증, 감정의 흔들림.
가족이 보내는 신호— 눈빛, 말투, 침묵.
그리고 내 내면이 보내는 신호— 이대로는 안 된다는 직감.

그 신호를 있는 그대로 감지하고, 그 위에 긍정의 예측을 쌓아간다. 그것이 바로 지금 내가 실천하는 선순환의 첫걸음이다.

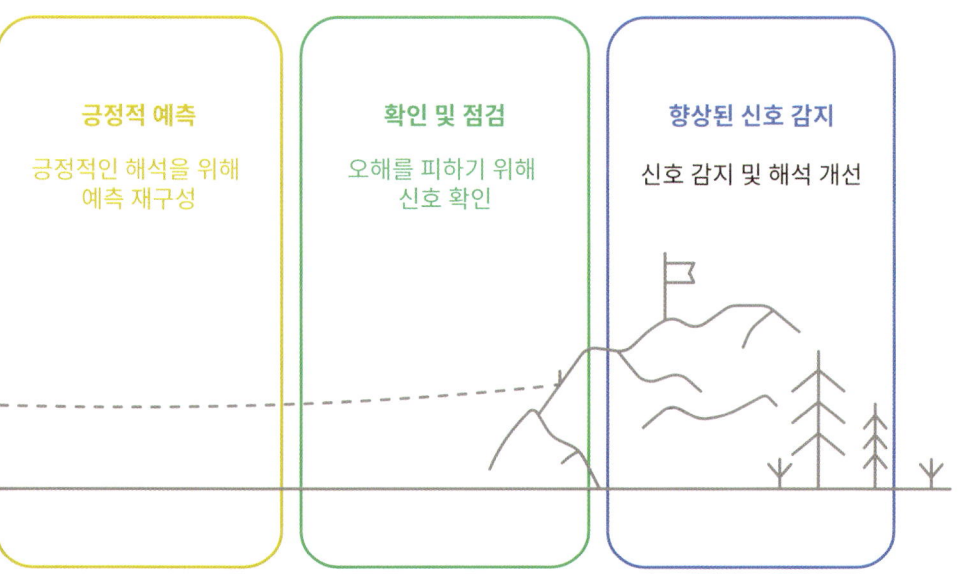

생존을 위한 도구

인간은 신호 감지와 반응의 생존 전략을 진화시켜 온 존재다. 외부 환경과 내부 상태를 감지하고, 이를 해석하여 그에 맞춰 반응하는 능력은 '인간 뇌의 핵심 기능' 중 하나다. 이는 단순한 생물학적 작용을 넘어, 생각과 행동을 결정하고 인간관계와 사회를 형성하는 핵심 메커니즘이기도 하다.

인간의 신호 감지 시스템은 오감(시각, 청각, 후각, 미각, 촉각)을 통해 정보를 수집한다. 이 중 가장 강력한 감지 수단은 시각이다. 눈은 외부 자극을 받아들여 이미지로 저장하고, 이를 뇌에 전달하여 분석한다. 시신경은 단순한 감각 전달로 끝나지 않고, 기억과 감정, 판단에까지 관여한다. 인간은 보고, 듣고, 느낀 정보를 자동으로 뇌에 저장하고, 그 기억을 활용해 생각하고 반응한다.

외부 자극뿐 아니라, 인간은 내부 신호 역시 정교하게 감지한다. 뇌는 도파민, 세로토닌, 노르에피네프린, 아세틸콜린, 감마아미노뷰티르산 등 50여 종 이상의 신경전달물질과 호르몬을 이용해 내부 상태를 실시간으로 점검하고 조절한다. 이 신호 전달 시스템이 정상적으로 작동해야 기분, 에너지, 집중력, 스트레스 반응 등도 균형을 유지할 수 있다.

신호 감지 능력이 이처럼 중요한 이유는, 인간의 생존과 진화가 이 감지 시스템을 바탕으로 이루어졌기 때문이다. 신호를 빠르고 정확하게 해석하고 대응하지 못했다면, 인간은 외부의 위협에 쉽게 노출되어 사라졌을지도 모른다. 오늘날에도 마찬가지다. 인간은 여전히 수많은 자극과 신호 속에서 살아가며, 그 신호를 얼마나 잘 감지하고 해석하느냐에 따라 삶의 질이 결정된다.

신호 감지는 출생 직후부터 시작된다. 아기의 뇌는 성인보다 약 두 배 더 민감한 신경세포를 가지고 있어, 눈빛, 표정, 소리, 온기 등을 모두 기억 저장소에 축적한다. 이처럼 초기 기억은 생존에 직접 연결되는 중요한 신호로 작용한다. 예를 들어, 아기가 울면 엄마는 배고픔이나 불편함이라는 신호로 해석하고 반응한다. 아기는 엄마의 반응을 기억하고, 다시 웃음이라는 신호로 안전함을 표현한다. 이런 반복은 신호의 이해와 반응을 통해 정서적 안정과 신뢰를 구축해 나간다.

이 과정은 단순한 유대감 형성을 넘어서, 〈기억 → 생각 → 반응〉이라는 인간 사고의 기본 구조를 설명해 준다. 기억된 정보는 상황에 따라 다시 불러와지고, 생각의 재료가 되며, 적절한 신호로 바뀌어 행동으로 이어진다. 신호 해석과 반응은 연습 될수록 정교해지고, 그것이 인간을 더 진화된 존재로 이끈다.

이때 중요한 건, 뇌가 '좋은 신호'와 '나쁜 신호'를 따로 인식하지 않는다는 점이다. 반복된 불안, 무관심, 비난의 신호도 기억에 저장되며, 이는 나중에 부정적인 감정과 사고 패턴의 기초가 된다.

1	**신호 저장**	신호는 기억에 저장
2	**감정적 영향**	신호는 감정적 반응을 형성
3	**행동적 결과**	감정은 행동 패턴에 영향
4	**사고 진화**	행동은 사고 패턴을 형성

예를 들어, 웃어도 엄마가 반응하지 않거나, 반대로 부정적인 반응을 보인다면 아기는 불안과 공포를 기억하게 된다. 이는 이후 타인과의 관계 형성, 자존감, 감정 조절에까지 영향을 미칠 수 있다.

결국, 인류가 진화해 온 신호 시스템은 지금 이 순간에도 작동 중이다. 문제는, 우리가 이 시스템을 의식하고 조절하며 사용하는가다. 신호는 의사소통이며, 생각의 재료이고, 행동의 기폭제다. 생각을 조절하고 변화시키려면, 먼저 신호를 감지하고 해석하는 뇌의 기본 작동 원리를 이해해야 한다. 그래야만 우리는 과거의 잘못된 신호에 얽매이지 않고, 더 나은 방향으로 생각을 진화시킬 수 있다.

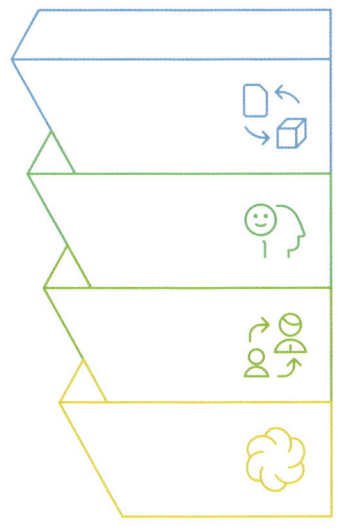

신호에서 사고로의 여정

실수와 고통을 넘어

나는 중학교에 진학하지 못할 뻔했다. 초등학교를 졸업할 무렵, 우리 집 형편은 상상 이상으로 어려웠다. 어머니는 날 사랑하셨지만, 육성회비며 등록금이 없어 중학교에 보내기 어렵다고 말씀하셨다.

그 순간, 세상이 무너지는 줄 알았다. 하지만 이상하게도, 나는 어떻게든 갈 수 있다는 생각 하나만은 포기할 수 없었다. 그날부터 나는 거의 24시간 어머니 곁을 떠나지 않았다. 처음에는 울었고, 나중에는 말했다.

중학교를 안 가면 나는 어떻게 되는 거냐고. 그 시절엔 말로 감정을 다 표현할 수 없었지만, 정말 절실하고 절박했다. 생존을 걸고 생각한 첫 순간이었다. 그리고 그날 밤, 처음이자 마지막으로 어머니와 아버지가 나에 대해 이야기하는 걸 들었다.

어머니는 "저것이 중학교를 꼭 가겠다고 하는데 어쩌면 좋겠소."라며 걱정하셨고, 아버지는 단 한마디 하셨다. "그래도 가르쳐 놓으면 저놈이 크게 될 놈이여." 이 말을 이불 속에서 들으며 엉엉 울었다. 그 한 문장이 내 인생을 바꿔 놓았다.

다음 날, 어머니는 말씀하셨다.
"산 입에 거미줄 치겠냐. 어떻게든 해보자."
그렇게 나는 중학교에 갈 수 있었다.
아니, 생각으로 현실을 바꾼 첫 경험이었다. 당시에 나는 몰랐다. 그것이 뇌의 시뮬레이션 능력이고, 절박한 감정과 기억이 뇌 속에서 현실 가능성을 시뮬레이션하며 '어떻게든 되는 길'을 만들고 있었다는 것을.

지금 생각해 보면, 그 시절의 나는 단순히 어린아이가 아니라 아주 원초적인 생존 전략으로 생각이라는 도구를 작동시키고 있었다. 마치 오래전 먹이를 찾기 위해 기억을 꺼내고 어디로 가야 할지를 시뮬레이션했던 원시의 인간처럼 말이다.

뇌는 원래 '생각'을 하기 위해 진화한 기관이 아니다. 미국의 뇌과학자 리사 펠드먼 배럿은 "뇌는 생존을 위한 에너지 예측 시스템, 즉 알로스타시스를 기반으로 진화했다."고 말한다. 알로스타시스란, 외부 환경의 변화나 스트레스에 맞춰 우리 몸의 상태를 능동적으로 조정해 생존을 돕는 기능이다. 쉽게 말해, 뇌는 최대한 적은 에너지를 쓰면서도 필요한 에너지를 확보하기 위해, 과거의 경험과 기억을 토대로 미래를 '미리 그려보는' 능력을 발달시켜 왔다. 그리고 이 '미리 그려보는 과정'이 바로 우리가 말하는 생각의 본질이다.

그 시절, 나는 뭘 해야 하는지도 몰랐고, 어떻게 해야 하는지도 몰랐다. 그저 '중학교에 간다'는 한 가지 생각을 매일 반복했을 뿐이다. 돌이켜보면, 그것은 뇌가 나를 위해 끊임없이 시뮬레이션을 돌리고 있었다는 증거다. 마침내 어머니를 설득했고, 내 현실은 바뀌었다. 이 경험 이후, 나는 '생각이 현실이 된다'는 믿음을 갖게 됐다.

감정은 온몸에서 느껴지지만, 생각은 기억·감정·언어가 결합된 시뮬레이션이다. 아기의 울음부터 어른의 결단까지, 모든 행동은 신호를 감지하고, 그것을 예측한 결과다. 영국의 물리학자 프랜시스 크릭과 미국의 신경과학자 크리스토프 코흐는 뇌 속의 클라우스트럼(claustrum)이 의식을 통합하고, 기억과 감각 정보를 지휘한다고 말한다. 클라우스트럼은 대뇌피질 안쪽, 관자놀이와 귀 사이 어딘가에 얇게 자리 잡은 신경세포 집합체다. 최신 뇌 영상 연구에 따르면, 대뇌피질의 거의 모든 부위가 이 클라우스트럼과 신경 신호를 주고받는다고 한다. 즉, 생각이란 결국 오케스트라와 같다. 내 안의 모든 기억과 감정이 클라우스트럼의 지휘 아래, 하나의 시뮬레이션이라는 음악을 연주하는 것이다.

중학교 진학을 결심했던 그날 이후, 나는 인생을 다르게 살기 시작했다. 포기하지 않는 생각, 그 생각을 반복해서 시뮬레이션하는 집중력, 그리고 행동으로 옮기는 끈기가 나를 변화시켰다. 만약 그때 어머니의 말만 듣고 '그래, 우리는 가난하니까 안 되는 거지'라고 포기했다면, 나는 지금 이 책을 쓰고 있지 않았을 것이다.

생각은 단순한 공상이 아니다. 집중된 생각은 현실을 예측하고, 그 예측은 결국 현실이 된다.
이제 나는 확신한다. 생각은 생존의 기술이자, 인생을 바꾸는 가장 강력한 출발점이다.

생각을 조절할 수 있다는 발견

'살고 싶다. 반드시 살아야겠다!'

나는 그렇게 생각을 고정시켰고, 그 생각은 결국 나를 다시 걷게 만들었다.

내가 초등학교를 졸업하던 해, 중학교 입학을 앞두고 섬마을엔 큰 가뭄이 들었다. 식수를 얻기 위해 논바닥에 샘을 파고 물을 길어야 했고, 내 차례는 하필 밤이었다. 나는 논바닥에 거적을 펴고 잠을 자며 물을 길어야 했다. 그런데 그날, 아침에 일어나 물지게를 지려던 순간, 몸이 천근만근처럼 무거워졌다. 갑작스럽게 기운이 빠지고, 입에서는 피가 쏟아지듯 나왔다.

그날 이후 나는 병상에 눕게 되었다. 어떤 병원에서는 결핵이라고 했고, 어떤 병원에서는 원인을 알 수 없다고 했다. 어머니는 다 큰 아들을 업고 병원을 전전했다. 병원뿐만이 아니었다. 용하다는 점집, 굿, 민간요법까지 안 해본 것이 없었다. 점쟁이는 내가 논에서 자다 귀신이 붙었다며 굿을 해야 한다고 했다. 굿도 했지만 차도는 없었다.

결국 나는 바라던 중학교 입학도 포기해야 했다. 친구들은 중학교 모자를 쓰고 등교했고, 나는 그들을 부러운 눈으로 바라볼 수밖에 없었다. 내가 가장 부러워한 것은 그저 '걸어 다니는 것'이었다.

그런 날이 2년 넘게 이어졌다. 그러나 그 시간 동안, 나는 한 가지 생각만 반복했다.
'살고 싶다. 반드시 살아야겠다!'
생각은 점점 선명해졌고, 확신으로 굳어졌다. 나는 눈을 뜨면 '어떻게 살아야 할까?'를 생각했고, 그것만을 생각했다.

그러던 어느 날, 나는 아궁이에 장작을 잔뜩 넣고 방을 따뜻하게 한 후, 솜이불을 덮고 낮잠에 들었다. 밤늦게 들어온 어머니는 내가 숨을 쉬지 않자, 죽은 줄 알고 울부짖으며 흔들었다. 그때 나는 물속에 있는 듯한 느낌으로 깨어났다. 솜이불은 흠뻑 젖어 있었다. 내가 흘린 땀이 솜이불을 다 적시고 있었던 것이다.

그날 이후 나는 달라졌다. 눈이 밝아지고, 머리는 맑아졌고, 목소리도 또렷해졌다. 어머니가 물으셨다. "걸을 수 있겠냐?" 나는 몸을 일으켜 걸었다. 신기하게도 몸이 떠오르는 듯한 느낌이 들었고, 숨이 가쁘지도 않았다.

나는 논두렁을 수없이 달렸다. 예전 같았으면 상상도 못 했을 일이었다. 어머니는 또 아플까 봐 걱정하며 말리셨지만, 나는 계속 달렸다. 내 생각 속에서 수도 없이 반복했던 '저 논두렁을 달리고 싶다'는 그 상상이 현실이 되었던 순간이었다.

'하늘이 무너져도 솟아날 구멍이 있다'는 말은 단순한 격언이 아니었다. 생각은 나를 살렸고, 다시 내 몸을 움직이게 했다. 나는 이 경험을 통해 확신하게 되었다.
"생각은 조절할 수 있으며, 그 조절된 생각이 삶을 다시 설계하게 만든다."
고통스러운 상황에서도 생각을 바꾸는 순간, 변화는 시작된다. 나는 죽었다가 다시 살아났다. 그것이 내 인생에서 가장 강력한 증거가 되었다.

긍정의 연쇄 반응

건강이 회복되고 나자, 머릿속에 가장 먼저 떠오른 것은 '이제 학교에 가야 한다!'는 생각이었다. 병상에서 일어난 것도 기적이었지만, 내게는 그보다 더 간절한 바람이 다시 움텄다. 중학교에 꼭 진학해야 한다는 열망이 가슴 깊이 자리잡은 것이다. 그러나 어머니는 단호하셨다.

"학교는 무슨 학교냐. 목숨 건진 것만 해도 천만다행이다. 몸이 아프면 아무것도 소용이 없다. 그냥 쉬어라."

말은 옳았다. 실제로 나는 병세가 재발할지도 모른다는 불안과 두려움 속에 있었다. 하지만 그 불안보다 강했던 건 중학교에 반드시 가야 한다는 집념이었다. 그 생각은 어느새 내 안에 고정

되어 신념처럼 자리잡았다.

물론 흔들릴 때도 있었다. 같이 학교에 다니던 친구들은 이미 졸업을 앞두고 있었고, 나보다 어린 동생들과 중학교에 다니는 건 왠지 창피하게 느껴지기도 했다. 하지만 벽에 걸린 교복과 모자를 바라볼 때마다, 입학에 대한 간절함은 다시 살아났다. 내 생각을 이루기 위해 나는 어머니를 조르기 시작했다. 이전에도 그랬듯이, 내 방식은 단순했다. 포기하지 않고 졸랐다.

그리고 결국, 중학교에 입학하게 되었다. 마을 사람들은 모두 놀랐다.

'죽은 줄 알았던 아이가 학교를 다닌다니…'

그들의 시선 속에서 나는 한 가지를 확신했다. 반복된 생각은 현실이 된다는 것이다.

생각은 어디서 시작되는 걸까? 아마도 생명이 탄생할 때부터가 아닐까? 엄마의 자궁 안에서 세포가 분열되고 뇌세포가 만들어지기 시작하면서, 우리는 어렴풋한 의식을 가졌을지도 모른다. 엄마가 기뻐하는지, 슬퍼하는지, 무엇을 먹고 있는지… 그런 감정과 상태들을 느끼고 생각했을지도 모른다.

일본의 신경생리학자 사노 규시 박사는 "신경을 가진 모든 동물은 의식을 가진다."고 말했다. 뇌를 가진 생물은 모두 나름의 생각을 하고 있다는 이야기다. 특히 인간은 더 복잡하고 정교한 생각을 할 수 있도록 뇌가 진화했다. 생각은 생존과 직결되어 있었기 때문에, 인류는 사냥을 계속할지 말지, 도망칠지 숨을지 시뮬레이션을 통해 미리 판단할 수 있는 능력을 갖추게 된 것이다.

이 시뮬레이션 기능에 대해 영국의 생물학자 프랜시스 크릭은 이렇게 말했다.
"생각은 대뇌에 저장된 기억의 조각들을 조합하여, 앞으로의 상황을 예측하는 시뮬레이션 기능이다."
즉, 생각은 단순한 반응이 아니라, 기억을 바탕으로 한 예측 시스템이라는 것이다.

내가 병상에서 살아나 다시 걷게 되었을 때, 그 모든 순간에 했던 생각은 단 한 가지였다.
'나는 반드시 살아야 한다. 그리고 반드시 학교에 가야 한다!'
그 생각이 내 뇌를 지배했고, 그 생각이 도파민 시스템을 통해 동기와 희망을 활성화시킨 것이리라.

이처럼 도파민과 생각은 분리될 수 없는 관계다. 생각은 도파민의 방향을 결정하고, 도파민은 생각을 실행에 옮길 수 있는 에너지를 제공한다.

사람은 하루에도 수없이 많은 생각을 한다. 그중에는 무의식적인 생각도 있고, 의식적으로 만들어 가는 생각도 있다. 그런데 중요한 건 이 '의식적인 생각'이다. 의식적인 생각은 조절할 수 있으며, 이 조절된 생각이 삶을 바꾼다.

나 역시 그랬다. 중학교를 가야 한다는 생각, 살아야 한다는 생각, 걷고 싶다는 생각이 반복되면서 점차 현실이 되었다. 생각은 뇌의 신경회로에 길을 낸다. 반복된 생각은 도파민을 통해 뇌에 선호하는 방향을 만들고, 그 선호가 행동을 바꾸고, 행동이 결과를 바꾼다.

이것이 바로 긍정의 연쇄 반응이다. 생각이 부정적이면 그 방향으로 도파민이 흐르고, 인생도 그렇게 흘러간다. 하지만 생각을 긍정적으로 바꾸면, 그 순간부터 도파민이 새로운 방향으로 분비되기 시작하고, 그 방향으로 인생이 서서히 이동하기 시작한다.

물론, 생각을 조절하는 건 쉽지 않다. 생각은 언제든 부정적으로 기울 수 있다. 하지만 의식적인 반복 연습을 통해 우리는 생각을 다듬을 수 있다. 한 번의 생각이 아니라 꾸준히 고정된 생각, 그것이 현실을 바꾼다.

그때 내가 중학교 진학을 포기했다면, 내 인생은 완전히 다른 방향으로 흘러갔을 것이다. 하지만 포기하지 않았고, 그렇게 생각은 현실이 되었다. 그리고 지금 내가 이렇게 책을 쓰고 있다. 그 사실이야말로 생각의 힘, 도파민의 힘, 그리고 조화의 증거다.

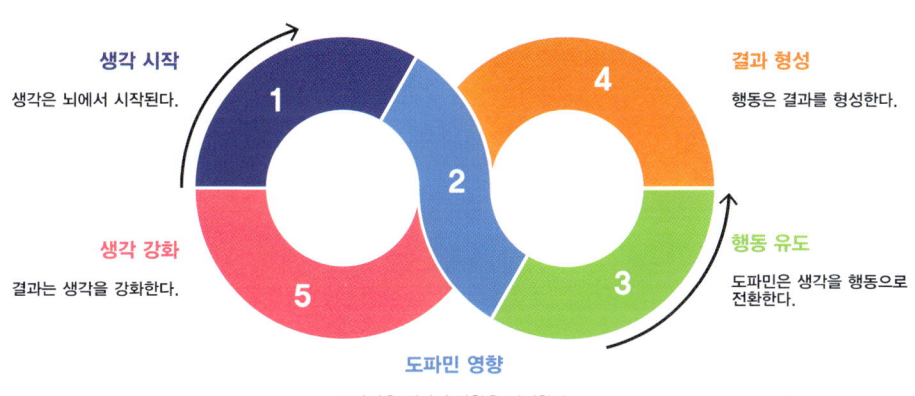

생각과 행동의 주기

PART 4
악순환에서 선순환으로

D | O | P | A | M | I | N | E | T | R | I | G | G | E | R

나쁜 생각의 현실화

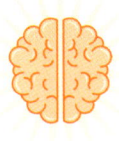

나는 늘 불안 속에 살았다.

'지금 가진 것이 모두 사라지면 어떻게 하나, 지금 하는 일이 무너지면 어떡하나, 혹시라도 내가 일찍 죽게 되면 어떻게 하나.'

오지도 않은 미래에 대한 걱정으로 머릿속은 늘 복잡했다. 그 불안은 스트레스로 이어졌고, 술을 마실 수 있는 '아주 그럴듯한' 핑계가 되었다.

겉으로는 잘해보려는 마음도 있었다. 그러나 한편에서는 '나는 내가 번 돈 다 쓰고 죽어야 한다', '내가 죽으면 남은 건 다 남의 것이 되겠지' 같은 방만한 생각이 스멀스멀 자리를 잡았다. 이런 생각은 갈등을 만들었고, 그 갈등은 나를 무기력하고 나태하게 만들었다. 심지어는 '내가 망해야 주변 사람들이 나를 괴롭히지 않을 거야'라는 망상적 생각까지 했다. 그리고 그 망상은 실제로 끔찍한 현실로 이어졌다. 그 끔찍함은 너무나도 사랑하던 아내에게서 시작됐다.

어느 날 아내가 조심스럽게 말했다.
"가슴에 뭐가 만져지는 것 같아…"
병원에 가서 정밀 검사를 받은 결과, 유방에 1.5mm짜리 종양이 발견됐다. 의사는 담담하게, "암 초기입니다. 수술하고 항암치료 받으시면 생존율이 높습니다. 잘 관리하시면 됩니다."라고 말했다. 그런데 그 '암'이라는 한마디가 내 온몸을 얼어붙게 만들었다. 좌절도, 실패도, 알코올 중독도 겪어봤지만, 암이라는 단어 앞에서 나는 완전히 무너졌다.

수술은 잘 되었다. 의사는 긍정적인 소식을 전했고, 항암 일정도 잡혀 있었다. 하지만 문제는 예상치 못한 방향에서 왔다. 아내가 지인의 권유로 '암 치료에 좋은 교육 프로그램'에 참여하게 된 것이다. 난 반대했지만, '일주일만 갔다 오고, 바로 항암치료 받겠다'는 약속을 믿고 보내주었다.

그렇게 떠났던 아내는 일주일 뒤 전혀 다른 사람이 되어 돌아왔다. 육식을 끊고, 채식 위주의 식단을 고집하고, 아침에는 율동과 함께 찬송가를 부르고, 하루도 빠짐없이 산책을 했다. 긍정적인 변화처럼 보였다. 그러나 얼마 지나지 않아 아내는 충격적인 말을 했다.

"항암을 하면 정상 세포까지 다 죽는다더라. 자연요법으로 치료할 거야."

나는 설득했고, 울면서 간청도 했다. 하지만 아내는 "당신은 나를 죽이려는 거야!"라며 더는 내 말을 듣지 않았다. 결국, 항암 치료를 거부한 채 자연요법 치료를 선택했고, 여수에 있는 요양병원으로 향하게 되었다.

요양병원에 함께 가는 길은 내게 지옥이었다. 뒤에는 산이 있고, 앞에는 바다가 펼쳐진 풍경 좋은 곳이었지만, 나는 그곳에서 들은 '단식 치료', '저영양으로 암세포를 굶겨 죽인다'는 논리는 납득할 수 없었다. 과학적으로, 의학적으로 아무 근거가 없다는 걸 알았지만, 아내는 그것만이 살길이라 믿었다.

아내를 요양병원에 보내고, 혼자 서울로 돌아오는 길에 이상한 감정이 밀려왔다. 마치 내가 '사라진 존재'처럼 느껴졌다. 며칠 동안은 아내가 몸이 가벼워진 것 같다고 했지만, 시간이 갈수록 체중이 빠지고, 얼굴에서 웃음기가 사라졌다. 한 달쯤 되었을 때 아내는 다시 말했다.

"못 참겠다. 병원 가자."

우리가 다시 병원을 찾았을 때, 암은 림프절로 전이된 상태였다. 의사는 항암치료를 8회 정도 시도해 보자고 했지만, 이미 늦은 시점이었다. 항암을 시작하자마자 아내는 고통에 휩싸였다. 머리카락은 빠졌고, 음식은 한 입도 삼키지 못했다. 그 옆에서 나는 아무것도 할 수 없었다. 보는 것만으로도 지옥이었다.

이러한 상황에서도 나는 술을 끊지 못했다. 여전히 나쁜 생각에 사로잡혀 있었다. 주변에서는 또 다른 요양원을 소개했고, 아내는 지푸라기라도 잡는 심정으로 그들의 말에 따라 움직였다. 경기도, 하동, 양평… 그렇게 암 요양병원을 전전했고, 결국 병세는 악화되었다.

아내는 내 손을 잡으며 말했다.
"당신 말 들을 걸… 미안해요."
그렇게 결국, 두 아이를 남기고 하늘의 별이 되었다.
막연히 나는 늘 아내보다 먼저 죽을 거라 생각했다. 그래서 아무런 준비도 하지 않았다. 마음의 준비도, 현실의 준비도, 감정의 정리도 없이… 나는 모든 것을 잃었다. 아내와 아이들, 그리고 남은 삶의 의미까지.

이 경험은 내가 너무 늦게 깨달은, '생각이 현실이 된다'는 뼈아픈 증거였다. 나쁜 생각은 그저 머릿속 상상에 머무르지 않는다. 반복되고 고착된 생각은 결국 현실의 방향을 만든다. 내가 매일 불안하고 비관적인 생각을 했던 것처럼, 그 끝에는 병과 죽음, 방황과 고통이 기다리고 있었다.

우리는 생각을 바꾸어야 한다. 좋은 생각이 좋은 현실을 만들고, 나쁜 생각은 나쁜 현실을 불러온다. 생각이 바로 '삶의 시나리오'를 쓰는 펜이다. 그리고 그 펜을 쥐고 있는 건 바로 '나' 자신이다.

도파민 폭풍의 덫

아내의 사망 이후, 나는 삶의 끈을 완전히 놓아버렸다. 한 사람의 죽음이 이렇게 한 가정을, 한 사람의 정신을, 모든 세계를 무너뜨릴 수 있다는 것을 그때 처음으로 체감했다. 그 슬픔을 견딜 수 없었던 나는 결국 술이라는 도피처를 택했다. 누구보다 술이 위험하다는 것을 알고 있었고, 그 속에 얼마나 깊은 수렁이 도사리고 있는지도 알고 있었다. 하지만 그 순간의 고통을 이겨낼 힘이 내겐 없었다. 술만이 유일한 위안이었다.

처음에는 단지 한 병이었다. 이 한 병으로 아내 생각을 잊을 수만 있다면, 하룻밤이라도 무사히 넘길 수 있다면 된다고 생각했다. 하지만 곧 그 한 병은 두 병이 되었고, 맥주가 함께 따라붙었으며, 결국은 아침에 깨어나자마자 술을 찾는 날들이 반복되기 시작했다. 내 손에는 항상 병이 들려 있었고, 기억은 술과 함께 희미해졌다. 문제는 이 모든 상황 속에서도 나는 스스로를 알코올 중독자로 인정하지 않았다는 것이다.

"매일 마시는 것도 아닌데 중독은 아니야."

"일주일에 몇 번인데 뭐 어때."

"다 잊고 싶어서 그러는 거잖아."

이런 자기 합리화가 계속되면서 나는 더 깊이 빠져들었다. 술을 마시는 이유는 날마다 달라졌다. 때로는 아내와의 추억을 잊고 싶어서, 때로는 나를 배신한 사람들을 떠올리며 화가 나서, 또 어떤 날은 나를 속이고 재산을 빼앗아 간 사람들을 생각하며, 분노에 몸을 맡긴 채 술을 들이켰다. 다양한 부정적인 기억들이 내 마음속에서 줄지어 등장했고, 그들과 함께 술을 마시는 기분이었다.

술은 잠깐의 해방감을 주었지만, 그 대가는 혹독했다. 내 주변 사람들은 하나둘 떠나갔고, 결국 1년이 지난 후 내 곁엔 아무도 남지 않았다. 나는 방 안에 틀어박혀 세상과 단절된 채, 술과 함께 썩어가고 있었다. 그 시절 나는 세상 모든 것이 나의 적이라고 생각했다. 모든 것이 나를 비난하고 있었고, 심지어 아내의 죽음조차 내가 만든 결과라는 생각이 끊임없이 나를 괴롭혔다.

이 모든 중독의 바탕에는 도파민이라는 물질이 있었다. 도파민, 그 이름은 내 인생의 양면성을 가장 극명하게 보여주는 단어였다. 중독자에게 도파민은 마치 악마의 속삭임 같다. 술을 마시고 나면 어느 순간 기분이 나아지는 느낌이 들었다. 실제로 알코올을 섭취하면 뇌에서는 도파민이 평소보다 몇 배나 분비된다. 평상시에는 10ml 정도의 도파민이 분비되던 것이, 술을 통해 한 번에 50ml 이상 분비되는 것이다. 뇌는 이 급격한 도파민의 증가를 쾌락으로 받아들이고, 그 감정을 다시 갈망하게 된다.

나는 도파민의 폭풍에 사로잡혀 있었다. 고통을 덮는 가장 빠른 방법, 그것이 술이었고, 그 술이 도파민을 터뜨리며 고통을 잠시 잊게 해주었다. 하지만 그 대가는 생각보다 훨씬 컸다. 아내의 죽음을 감당하지 못하고, 그 고통을 술로 누르려 한 그 선택이 결국 나를 더 깊은 중독의 수렁으로 끌고 간 것이다.

술을 끊겠다는 다짐을 수도 없이 했다.
"이제 그만해야지. 오늘까지만 마시자."
그러나 해가 질 무렵이면 그 결심은 흔들리고, 술에 대한 갈망이 다시 고개를 들었다. 한 잔만 마시면 오늘 하루도 무사히 버틸 수 있을 것 같은 착각이 스며들었다. 그렇게 다시 마시고, 취하고, 무너지는 밤이 이어졌다.

이 고통의 고리를 끊으려면 단순한 의지만으로는 부족했다. 나는 시간이 지나서야 깨달았다. 도파민 중독에서 벗어나려면 '생각의 컨버전', 즉 삶을 근본부터 바꾸는 인식 전환이 필요하다는 것을. 극단적인 깨달음 없이는 도파민이라는 보상 시스템을 이길 수 없다는 사실을 뼈저리게 느꼈다.

단지 '끊어야지'라는 다짐만으로는 안 된다. 내면 깊숙이 '이렇게 살아서는 안 된다'는 자각이 자리 잡아야 하며, 그 자각이 반복되고 이어져야만 중독이라는 괴물을 쓰러뜨릴 수 있다.

그제서야 나는 도파민이 단순한 쾌락의 호르몬이 아니라, 인생의 방향을 근본적으로 바꾸는 강력한 신경전달물질임을 깨달았다. 그것을 잘 다루면 선순환의 길이 열리지만, 잘못 다루면 삶 전체를 무너뜨리는 악순환의 씨앗이 된다는 사실도 함께.

1년. 정확히 1년 동안 나는 술과 함께 살았고, 술과 함께 무너졌으며, 결국 모든 것을 잃었다. 그 시간 동안 내 생각은 모든 것에 대해 적대적이었다. 가족도, 세상도, 심지어 나 자신조차도 미워했다. 그리고 그 증오는 모두 도파민이라는 보상 시스템 속에서 왜곡되어 증폭되었다.

그렇게 나는 이 절망의 끝에서 스스로에게 묻기 시작했다.
"이대로 무너질 것인가, 아니면 다시 시작할 것인가."

그 질문은 곧 『도파민 트리거』의 시작이었고, 새로운 삶의 방향을 모색하는 첫 발걸음이 되었다.

중독 극복 여정

선순환의 시작

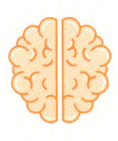

　세상에 모든 것이 적처럼 느껴졌던 그 시기, 나는 삶의 끝자락에 서 있었다. 아내를 잃고 알코올에 의존하게 되면서, 나는 도파민이라는 쾌락의 착각 속에서 점점 더 깊은 중독의 늪에 빠져들었다. 그리고 그렇게 1년이 지나고 보니, 내 곁엔 아무도 남아 있지 않았다. 가족도, 친구도, 심지어 나 자신조차도 내 안에서 사라진 느낌이었다. 그렇게 철저히 무너져 있을 때, 기적 같은 일이 일어났다.

　나는 어릴 적부터 삶의 신호를 제대로 이해하지 못한 채 자라왔다. 도박중독자였던 아버지와 그로 인해 고통받던 어머니, 늘 싸움과 비난의 신호가 오고 가던 집안. 늘 허기진 배를 안고 빈집에 돌아오기를 반복하며, 사랑과 안전 대신 불안과 분노 속에서 신호를 학습했다. 그때 나는 '세상은 나를 위하지 않는다'는 신호를 강하게 내면화했고, 나를 보호하기 위한 방어기제로 '모든 것은 내 잘못'이라는 생각을 키워갔다. 그 왜곡된 신호가 쌓여, 훗날 아내를 잃은 뒤 '내가 아내를 죽인 것이나 마찬가지야'라는 극단적 자기혐오로 이어졌는지도 모른다.

몰약 연구가 한때 내게 전부였던 적이 있었다. 아내의 병상에서 몰약의 가능성을 처음 발견하고, 그것을 통해 삶의 의미를 찾았다고 믿었다. 하지만 연구는 실패로 돌아갔고, 아내도 떠나갔다. 나는 그 모든 책임을 나에게 돌렸고, 그렇게 몰약도, 연구도, 삶도 모두 포기했다. 남의 사무실 한구석에 앉아 멍하니 시간을 보내며, 하루하루를 술로 버티는 삶을 살았다. 이젠 더 이상 아무것도 시작할 수 없다고 생각했다. 나는 실패했고, 끝났다고 믿었다.

그때, 인생을 바꿔놓을 만남이 찾아왔다. 얼굴을 스쳐본 적이 있었는지도 모를 노부인이 내게 다가와 말을 걸었다.
"다시 해보게, 자네는 충분히 할 수 있어."
처음엔 그저 힘내라고 하는 빈말이라고 생각했다. 그런데 그녀는 나에게 조건 하나 없이 돈을 내어주었다. 담보도 없고, 신용도 없고, 실적도 없는 나를 믿어준 것이다. 믿을 수 없었다. 세상은 언제나 조건과 계산으로 가득했는데, 그녀는 아무 조건 없이 나에게 '기회'를 줬다. 마치 내 인생에 처음으로 '긍정의 신호'가 들어온 것 같았다.

그 인연이 내 생각을 흔들기 시작했다. '나는 가치 없는 존재'라는 굳어 있던 믿음에 처음 균열이 생긴 것이다. 그렇게 나는 다시 몰약을 붙잡았다. 포기했던 실험 노트를 꺼내 들고, 내가 왜 그 길을 시작했는지 다시 떠올렸다. 아내의 마지막 눈빛, 그 따뜻했던 손길, 그리고 "당신은 할 수 있어!"라고 말하던 그 목소리가 떠올랐다. 도파민은 단순히 쾌락을 위한 신경전달물질이 아니라, 의미 있는 목표에 다가갈 때 강력하게 분비되는 '희망의 신호'였다는 걸 그제야 깨닫기 시작했다.

몰약 연구를 다시 시작하자, 신기하게도 내 몸과 마음이 달라지기 시작했다. 아침에 눈을 떴을 때 술을 찾기보다, 오늘 실험을 어떻게 해볼지 궁금해졌다. 누가 봐도 실패하고 망한 인생이었지만, 내 안에서는 처음으로 '생각의 선순환'이 시작된 것이다. 예전에는 부정적인 생각에서 부정적인 행동이 반복되었지만, 지금은 희망적인 생각이 희망적인 행동으로 이어졌다. 그리고 그 행동은 내 뇌에서 도파민을 건강하게 자극했고, 더 긍정적인 생각을 이끌어냈다.

이것이 바로 『도파민 트리거』의 시작이었다. 내가 말하는 트리거는 단순히 자극이 아니다. 그것은 절망 속에서 자신을 일으켜 세우는 결정적인 '생각의 전환점'이다. 아무도 없던 내 삶에 찾아온 그 한 사람, 그리고 그 한마디의 신호가 내 모든 도파민 시스템을 바꿔 놓았다. 이제 나는 안다. 도파민이 중독으로 우리를 무너뜨리기도 하지만, 선순환의 계기를 통해 우리를 다시 살아가게 한다는 것을.

생각 전환의 주문,
핑계 대지 마

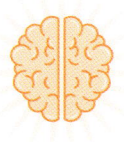

어느 날, 시골로 내려가 식물에 관한 실험을 하면서 나는 '선순환'이라는 개념을 처음으로 진지하게 떠올리게 되었다. 당시 나는 몰약을 추출하고 발효하는 일을 하고 있었고, 그 추출 발효액

[2] 한 밭에서 뿌린곳과 안뿌린 곳의 차이
(왼) 탄저병이 걸린 고추, (우) 몰약추출물을 뿌린 고추

[3] 탄저병이 걸린 고추　　　　　　[4] 몰약추출물을 뿌린 고추

을 활용해 식품 원료와 화장품 원료를 개발하는 연구를 이어가고 있었다. 그런데 우연히 고추밭에 연구하고 있던 몰약추출물을 뿌리게 되었다.

놀랍게도, 뿌린 곳만 고추 탄저병이 생기지 않았고, 고추의 상태도 매우 좋았으며 붉은색이라기보다는 주황색에 가까운, 탄탄하고 건강한 고추를 수확할 수 있었다.

그 순간, 문득 이런 생각이 들었다.
'이 물질이 선순환 물질인가?'

그때부터 내 머릿속에서 '선순환'이라는 단어가 계속 맴돌기 시작했다. 나는 '선한 것이 고리를 만들어 돌아간다'는 생각을 하게 되었고, 여기에 '계속'이라는 개념을 더해 '선한 생각이 고리를 만들어 계속 돌아간다'는 의미로 점점 확장해 나갔다.

그리고 깨달았다. 그동안 나는 선한 고리가 아닌, 악순환의 고리를 만들어 거기서 계속 빠져나오지 못하고 있었다는 것을.

그 순간, 나는 마치 강력한 힘에 이끌려 생각이 완전히 전환되는 듯한 감각을 느꼈다. 단순한 생각의 변화라기보다, 말 그대로 '내 머릿속에 벼락이 떨어진 것' 같았다. 이전까지 품고 있던 생각들이 부끄럽게 느껴졌고, 변해야겠다는 다짐이 깊은 곳에서부터 치밀어 올랐다.

내 몸부터 선순환해야 한다는 신호가 전해지면서, 나는 어머니가 내 버릇을 고칠 때 자주 하셨던 말, "핑계 대지 마!"를 떠올렸다. 그리고 그 말을 나 자신에게 외치기 시작했다. 처음에는 마치 내 몸 안에 내가 아닌 또 다른 누군가가 있는 것처럼, 과거의 안 좋은 기억이 문득문득 떠올라 협상을 시도했다.

'이러니까 술을 마셔야 하지 않겠냐'고 속삭이며 술에 대한 갈망이 생겼을 때도 있었다. 그럴 때마다 나는 큰 소리로 "핑계 대지 마!"를 외치며 그 순간을 저장했다. 이 말은 단순한 외침이 아니라, 뇌 안의 기억 시스템에 새로운 긍정적 도파민 신호를 각인시키는 작업이었다.

　유혹은 셌지만, 나는 더 강했다. 엄청난 유혹이 있었지만, 그때마다 나는 "핑계 대지 마!"를 외쳤다. 그것은 내가 나를 다시 훈련시키는 방식이었다. 이 말은 오래된 기억 속, 어머니의 잔소리처럼 들렸지만, 이제는 내 생존을 위한 주문이 되었다.
　나는 그렇게 하루하루를 나와의 전쟁 속에서 버텼다. 1주일을 버티니 2주일이 되었고, 1달을 버티니 1년이 되어 술을 한 모금도 입에 대지 않게 되었다. 가끔은 외롭다는 핑계가 나를 유혹했다. '이 정도면 조금은 마셔도 되지 않냐'고, '조금씩 마시는 게 오히려 건강하지 않냐'는 식으로. 그럴 때마다 나는 단호하게 외쳤다.
　"핑계 대지 마!"

　지금은 더 이상 그런 생각조차 떠오르지 않는다. 가끔 꿈속에서 술을 마시는 악몽을 꾸기도 하지만, 그 안에서도 '이건 아니겠지, 꿈일 거야' 하며 곧 깨어난다. 그렇게 술을 끊자, 내 생각도 정상적으로 작동하기 시작했다.

　그 과정에서 과거의 내 생각이 얼마나 잘못되었는지를 온전히 깨달았다. 생각이 얼마나 무섭고, 또 얼마나 현실을 바꾸는지를 온몸으로, 세포 하나하나에 새겨지도록 뼈저리게 체험했다. 생각은 반드시 현실이 된다. 그래서 나는 지금, 함부로 생각하지 않는다. 생각을 신중하게 골라 조절하는 습관을 매일 이어가고 있다. 좋은 생각만을 선택하려는 의식적 노력이 곧 생존이자 희망임을 알기 때문이다.

이 변화는 누구에게나 가능하다. 혹시나 이 방법으로 변하고자 하는 사람이 있다면, 한시라도 늦지 않게 시도하길 바란다. 알코올 중독은 단순히 본인의 문제만은 아니다. 가정이 해체되고, 사회에서 분리되며, 가까웠던 사람들조차 하나둘 떠나간다. 하지만 그보다 더 무서운 것은 간경화, 간암, 환청, 환각, 쇼크 등으로 결국 사망에 이를 수 있다는 사실이다.

늦기 전에, 어떤 방법이든 시도해야 한다. 그리고 반드시 주변 사람들에게 자신이 어려움을 겪고 있다는 신호를 보내야 한다. 설령 지인이 남아있지 않다면, 가족이나 친척에게라도 도움을 요청해야 한다. 중독은 '의지 부족'이 아니라 뇌에서 오는 병이라는 사실을 꼭 알아야 한다.

변화는 누군가가 일으켜주는 것이 아니다. 스스로 변하고 싶다면, 핑계 대지 말고 지금 당장 변화하라!

좋은 생각이
세상을 바꾼다

좋은 생각을 지속한다는 것은 말처럼 쉬운 일이 아니다. 때때로 갑작스럽게 밀려드는 우울감, 이유 없이 마음을 짓누르는 불안, 문득문득 고개를 드는 술에 대한 갈망이 여전히 나를 위협했다. 그 모든 감정과, 정상적으로 살아야 한다는 절박한 다짐이 충돌하며 내 안에서 끊임없는 싸움이 벌어졌다.

그 싸움 속에서 또 하나의 진실을 마주했다. 감정 때문에 슬픔을 부르고, 괴로움을 키워왔다는 사실이었다. 감정의 소용돌이에서 벗어나려면, 무작정 참고 견디는 것만으로는 부족했다. 감정을 다스리기 위해서는 생각을 바꿔야 했다.

나는 마치 훈련하듯 반복해서 마음을 다잡았다. 슬픈 감정이 올라올 때면 그 즉시 즐거운 기억을 떠올렸고, 불안이 스며들면 미래에 대한 희망을 떠올렸다. 이렇게 생각을 조절하는 것이 감정을 다스리는 가장 빠른 길임을 깨달았다. 처음엔 어색하고 낯설었지만, 점차 놀라운 변화가 찾아왔다. 슬픔이 잦아들었고, 괴로움은 힘을 잃었다.

선순환적인 생각은 나에게 점점 더 큰 힘을 주었고, 악순환적 생각은 그 힘을 잃어갔다. 그렇게 감정적 고통에서 서서히 빠져나올 수 있었다. 어느 날 문득, 태풍이 지나간 바다처럼 내 마음이 조용해졌다는 것을 느꼈다. 그 고요함 속에서 가장 먼저 떠오른 것은, 아이들과의 관계를 다시 회복하고 싶다는 간절한 바람이었다.

과거의 나는 책임을 다하지 못한 아버지였다. 술에 취해 가정에다 분노를 쏟아냈고, 아이들은 내 눈치를 살피며 지내야 했다. 내가 바뀌었다고 말해도 그들이 곧장 나를 받아줄 리는 없었다. 처음엔 대부분의 사람들이 의심했다. '술을 끊은 척하는 거겠지', '달라진 척 쇼하는 거겠지'하는 의심 어린 눈빛을 보냈다. 그럼에도 나는 흔들리지 않으려 애썼다.

진심은 행동으로만 증명할 수 있었다. 나는 매 순간 선순환적인 말과 행동을 선택했고, 아주 사소한 일에도 최선을 다하며 성실함을 쌓아갔다. 나의 변화를 하루아침에 인정받지는 못했지만, 한 달이 되고 석 달이 되고 반년이 되자, 아이들의 마음도 서서히 열리기 시작했다.

가장 먼저 아들과 딸이 내 앞에서 조심스레 미소 지었다. 그 작은 미소 하나에, 나는 눈물이 쏟아질 뻔했다. 다시 아버지로 돌아갈 수 있다는 희망, 그 희망이 내 삶을 다시 빛나게 했다. 그렇게 나는 다시 행복을 되찾았다.

하지만 모든 것이 단지 '좋은 생각'만으로 이뤄진 것은 아니었다. 나는 생각이 현실이 되기 위해서는 몇 가지 명확한 조건이 있다는 것을 경험을 통해 깨달았다. 이는 단순한 기분 전환이나 심리적 위로가 아니라, 뇌가 현실을 만들어가는 실제 작동 메커니즘이었다. 나는 그것을 '생각 조절'이라는 말로 정리하게 되었다.

1. 생각의 조절 - 수많은 생각 중 하나를 선택하라

하루에도 수백, 수천 개의 생각이 뇌를 스쳐 지나간다. 과거의 기억, 상상, 걱정, 희망, 두려움. 이 중 어떤 것은 현실이 되고, 어떤 것은 사라진다. 생각이 현실이 되기 위해서는 수많은 생각 중 단 하나를 선택해야 한다. 그 하나의 생각을 고르고, 그것에만 의식을 집중하는 것. 이것이 생각 조절의 시작이다.

2. 반복성 – 선택한 생각을 뇌에 새기기

생각은 선택만으로 현실이 되지 않는다. 반복적으로 떠올려야 한다. 나는 하루에도 수십 번씩 "나는 술을 끊었다.", "나는 달라진 사람이다.", "나는 건강하다."고 말했고, 그 말을 소리 내어 스스로에게 주입했다. 반복된 생각은 뇌의 시냅스를 강화시켜 신경회로를 바꾸고, 그것은 곧 신념으로 진화한다.

3. 믿음 – 이미 이루어진 것처럼 행동하라

반복된 생각이 확신이 되면, 그 순간부터는 믿음이 필요하다. 이루어지기를 '바라는' 것이 아니라, 이미 이루어졌다고 믿고 행동하는 것이다. "나는 술을 끊을 것이다."가 아니라, "나는 술을 끊었다."고 말했다. 그렇게 행동했고, 그렇게 살았다. 믿음이 생긴 순간부터는, 몸 전체에서 정체를 알 수 없는 에너지가 흘러넘치기 시작했다.

4. 행동 – 에너지가 행동을 낳는다

믿음으로 가득 찬 뇌와 몸은 행동으로 옮겨질 수밖에 없다. 억지로 무언가를 하려는 것이 아니라, 몸이 저절로 움직이게 된다. 반복된 생각과 믿음이 뇌를 자극하고, 세포들이 에너지를 만들고, 그 에너지가 행동을 밀어붙인다. 그렇게 나는 변했고, 생각은 현실이 되었다.

이 과정을 듣는 사람들은 종종 이렇게 말하곤 한다.

"그거, 마인드 컨트롤이나 이미지 트레이닝하고 비슷하네요?"
나는 이렇게 말해준다.
"비슷해 보이지만, 다르답니다."

마인드 컨트롤과 이미지 트레이닝은 무의식을 확장시켜 결과를 끌어내는 방식이라면, 내가 말하는 생각 조절은 의식적 선택과 집중을 통해 뇌의 구조 자체를 바꾸는 방법이다.

나는 그것을 경험했다. 내 삶이 그 증거다. 나의 변화는 '도파민 트리거'를 선순환적으로 작동시킨 결과였다. 생각은 현실이 된다. 그러기 위해서는 반드시 과정이 필요하다. 생각을 조절하고, 반복하고, 믿고, 행동하라. 그러면 삶은 달라진다.

생각을 현실로 바꾸기

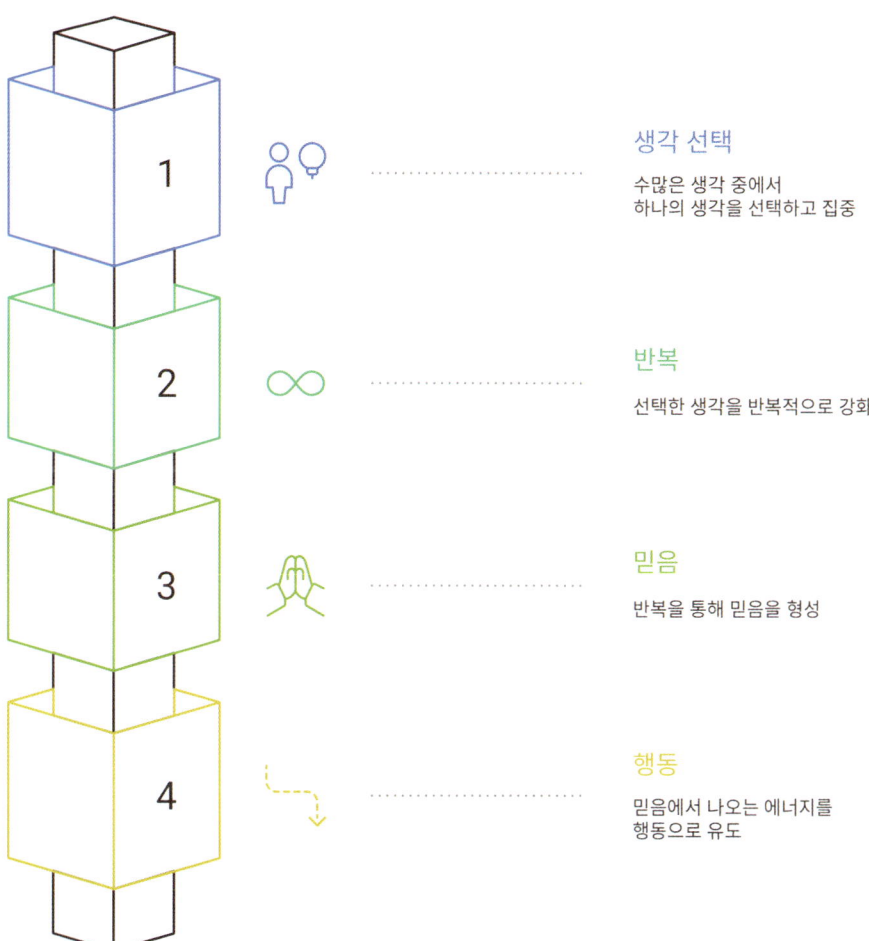

1 **생각 선택**
수많은 생각 중에서
하나의 생각을 선택하고 집중

2 **반복**
선택한 생각을 반복적으로 강화

3 **믿음**
반복을 통해 믿음을 형성

4 **행동**
믿음에서 나오는 에너지를
행동으로 유도

PART 5
선순환을 만드는 생각의 기술

DOPAMINE TRIGGER

호르몬과 신경전달물질

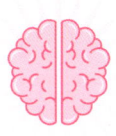

혹시라도 지금 누군가를 변화시키기 위해 애쓰고 있다면, 나는 단호하게 말하고 싶다. 그만두라고. 아무리 가까운 사람이라 해도, 타인의 생각을 억지로 바꾸려는 시도는 끝내 좌절과 실망으로 귀결된다. 생각은 말로도, 충고로도, 심지어 폭력으로도 바뀌지 않는다. 변화는 오직 그 사람 스스로가 결심하고, 그 결심을 바탕으로 뇌 안의 회로가 새롭게 연결될 때만이 가능하다.

인간의 뇌는 생존을 위해 진화해 왔다. 그리고 그 진화 속에서 하나의 원칙을 갖게 되었다. 바로, '기억은 쉽게 지워지지 않는다'는 것이다. 특히 반복적으로 각인된 부정적 기억, 중독적 경험, 쾌락에 대한 강렬한 인상은 쉽게 덮어지거나 사라지지 않는다. 그래서 많은 사람들이, 좋은 말로 사람을 바꾸려 하고, 도덕적 설득으로 중독에서 벗어나게 하려 하지만, 그것은 단지 '바뀌는 척'일 뿐이다. 결국 도파민을 자극했던 기억이 발동되는 순간, 원래의 자리로 되돌아가고 만다.

특히 도파민 중독, 그중에서도 술에 의한 도파민 폭풍은 타인의 언어로는 절대 이겨낼 수 없다. 술은 감정을 마비시키고 불안을 가라앉히며, 그 순간만큼은 '모든 것이 괜찮다'는 착각을 준다. 도파민은 그 상태를 뇌에 저장하고, 다시 그 편안함을 갈망하게 만든다. 바로 이 지점에서 생각은 조절이 아닌 강박이 되고, 현실은 도파민에 사로잡힌 또 다른 환각이 된다.

나는 그것을 직접 경험했다. 처음에는 나도 나 자신이 중독자라는 걸 인정하지 못했다.
"조절만 하면 되는 것 아닌가?"
"스트레스가 너무 심했으니까."
핑계를 대며 스스로를 설득했고, 결국은 늘 패턴의 반복이었다. 하지만 뇌는 이미 중독을 학습하고 있었고, 도파민은 '술 없이는 살 수 없다'는 회로를 완성해 가고 있었다.

도파민은 '보상과 동기' 중심이다. 쾌락을 기억시키는 동시에, 반복을 통해 회로를 강화시킨다. 술을 마시는 순간, 도파민이 분

도파민 방출
술로 인한
도파민 방출

쾌락 기억
뇌에 쾌락
상태 저장

불안 완화
불안을 완화하기 위해
다시 술을 갈망

술 갈망
쾌락을 재현하기 위해
술을 갈망

불안 증가
쾌락이 사라지면
불안 증가

도파민 중독의 순환

비되고, 뇌는 '이게 살아가는 방식'이라고 믿는다. 결국 그 쾌락이 사라지면 불안이 시작되고, 불안을 없애기 위해 다시 술을 찾게 된다. 이 고리는 중독이며, 뇌의 신경전달물질 시스템이 만드는 악순환의 회로다.

그렇다면 어떻게 이 회로에서 벗어날 수 있을까? 내가 찾은 유일한 방법은 '생각 조절'이었다. 여기서 말하는 생각 조절은 단순한 다짐이 아니다. 뇌과학적으로 말하면, 반복을 통해 새로운 시냅스를 형성하고, 기존의 중독 회로보다 더 강력한 신호체계를 만드는 것이다.

생각은 단순한 사고가 아니라 신경전달물질의 작용이다. 내가 어떤 생각을 하느냐에 따라 세로토닌, 노르에피네프린, 도파민 등의 분비가 달라진다. 특히 의식적인 생각 조절을 시작하면, 뇌는 새로운 방향으로 작동하기 시작한다. 슬픈 기억이 떠오를 때, 의도적으로 기쁜 기억을 꺼내는 훈련이 필요하다. 불안이 몰려올 때, 스스로에게 '괜찮다'는 신호를 보내는 반복한다. 이 모든 과정은 뇌를 다시 훈련시키는 일이며, 결국 신경 회로를 재구성하는 것이다.

변화는 단번에 오지 않는다. 생각은 파도처럼 올라왔다가 사라진다. 그러나 중요한 것은, 그 파도에 휘둘리지 않고 생각을 바라보는 '또 다른 나'가 되어야 한다는 것이다. 술이 생각날 때마다 나는 "핑계 대지 마!"를 외쳤다. 그리고 뇌가 그 소리를 기억하도록 반복했다. 이 단순한 훈련이, 내 뇌의 회로를 바꾸기 시작했다. 생각 조절의 시작이었고, 그것은 곧 도파민 회로의 재설계로 이어졌다.

중독은 의지가 약해서 생기는 것이 아니다. 뇌가 만들어 낸 강력한 회로 때문이다. 그 회로를 깨기 위해서는 말보다 과학이 필요하다. 감정이 아닌 시스템이 필요하다. 그리고 그 시스템은 의식적 반복, 선택된 생각, 믿음, 그리고 행동으로 완성된다.

나는 지금도 생각 조절을 멈추지 않는다. 왜냐하면, 뇌는 늘 익숙한 회로로 돌아가려 하기 때문이다. 이제는 내가 그 회로의 주인이다. 도파민에 끌려다니는 존재가 아니라, 도파민을 활용하는 주체가 된 것이다.

부정적 감정을
긍정으로 바꾸는 연습

우리는 기쁨, 슬픔, 분노, 불안, 외로움, 사랑 등 수많은 감정에 둘러싸여 살아간다. 감정은 단지 느낌이 아니라, 우리 뇌와 몸이 만들어내는 화학적 신호이자 반응이다. 나는 이 감정이라는 것에 갈가리 찢기는 고통을 겪은 적이 있다. 아내의 죽음과 함께 찾아온 배신감, 분노, 슬픔이 내 안을 지배하던 그 시절. 감정의 소용돌이 속에서 내 생각은 철저히 부정적인 방향으로 휩쓸려 갔다. 그리고 그 부정적인 생각은 또 다른 감정을 낳으며 악순환을 반복했다.

하지만 선순환을 시작한 이후, 나는 감정의 실체를 구별할 수 있게 되었다. 감정은 절대적으로 고정된 것이 아니라, '판단'의 대상이 될 수 있다는 사실을 깨달았다. 어떤 감정이 올라올 때, 이

것이 긍정적인 감정인지, 부정적인 감정인지를 먼저 인식하는 연습을 시작하게 되었다. 그리고 부정적인 감정이라고 판단되면, 의식적으로 긍정적인 생각을 떠올리려 노력했다. 놀랍게도 그 짧은 훈련만으로 감정의 흐름이 바뀌기 시작했다. 슬픔과 분노가 희미해지고, 차분함과 기쁨이 따라왔다.

뇌는 감정에 따라 다른 신호를 만든다. 슬픈 생각을 하면 뇌는 '슬픔'이라는 감정에 맞는 신경전달물질을 분비한다. 반대로 기쁜 생각을 하면, 뇌는 '행복'에 반응하는 호르몬을 활성화시킨다. 감정을 만들고 변화시키는 물질은 아세틸콜린, 노르에피네프린, 도파민, 세로토닌 등 50여 가지나 된다. 이 호르몬들은 생각에 따라 다르게 분비된다. 그래서 무엇을 생각하느냐가 우리의 감정을 결정하고, 감정은 다시 생각을 부른다. 이것이 생각과 감정의 순환 구조다.

이러한 구조를 처음 이해하기 시작했을 때, 나는 화가 났던 어느 아침을 떠올렸다. 이유는 사소했지만, 그날 하루 종일 나는 그 분노에 지배당했다. 다음날까지도 짜증과 분노가 이어졌고, 나는 나 자신을 통제하지 못했다. 하지만 이후 감정을 감지하는 법을 배운 나는, 화가 올라오는 순간을 포착할 수 있게 되었고, 그 즉시 긍정적인 장면이나 단어를 떠올리는 연습을 했다. 처음엔 쉽지 않았지만, 몇 번의 반복 끝에 나는 그 짧은 순간에 내 감정을 바꿀 수 있게 되었다.

생각으로 감정을 조절하는 이 메커니즘은 과학적으로도 설명된다. 예를 들어 레몬을 생각해 보라. 혀끝에 침이 고이고 입안이 시큰거리는 느낌이 든다면, 당신의 뇌는 단지 '생각'만으로도 신경전달물질을 작동시킨 것이다. 이것이 바로 가르시아 효과(Garcia Effect)다. 실제 자극이 없어도 뇌는 '기억된 반응'을 되살려내고, 그것을 신체에 적용한다. 이처럼 생각은 곧 신호이며, 신호는 곧 감정이 된다.

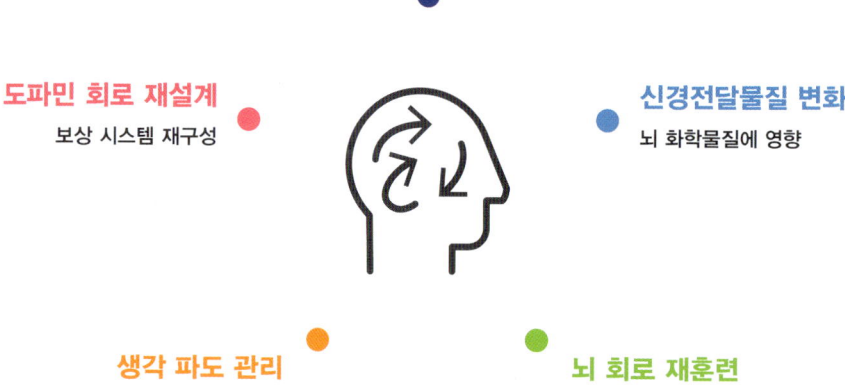

생각 조절 주기

이 원리는 파블로프의 실험에서도 잘 드러난다. 종소리와 식사를 반복해 연결시킨 개는, 종소리만 들어도 침을 흘렸다. 감정도 마찬가지다. "나는 행복하다.", "나는 평온하다."라는 말을 반복하고 그 생각을 머릿속에 그리면, 뇌는 그것을 신호로 받아들이고, 실제로 행복과 평온에 관련된 호르몬을 분비한다. 그리고 그 호르몬은 진짜 감정을 만들어 낸다. 그렇게 되면, 우리는 실제로 기뻐지고, 편안해지고, 안정감을 느끼게 된다.

여기서 중요한 건 단 하나다. 감정은 생각을 통해 조절이 가능하다는 것. 그리고 그 생각을 선택하고 조절할 수 있는 사람은 오직 본인뿐이다. 누가 아무리 좋은 말을 해도, 좋은 생각을 대신해 줄 수는 없다. 생각은 내 안에서만 일어나고, 감정은 내 안에서만 조절된다.

생각 조절이 별거 아닌 것처럼 보일 수 있다. 하지만 나는 그렇게 별거 아닌 방식을 반복해서 내 삶을 바꾸어왔다. "나는 괜찮다.", "나는 행복하다.", "나는 중독에서 벗어날 수 있다."라는 말을 매일 반복하며 나의 감정 시스템을 새롭게 만들었다. 처음엔 그저 주문처럼 외웠지만, 어느 순간 그것은 나의 감정 언어가 되었고, 뇌의 반응 코드가 되었다.

이제 나는 감정에 끌려가지 않는다. 감정을 만들어 내는 신호를 먼저 감지하고, 그것을 내가 원하는 방향으로 유도한다. 감정에 휘둘리는 사람이 아니라, 감정을 '설계'하는 사람으로 살아간다. 이것이 내가 중독을 이겨내고, 절망에서 회복한 가장 강력한 기술이다.

생각은 도구다. 그 도구를 어떻게 사용하는지에 따라 우리의 감정, 나아가 삶 전체가 달라질 수 있다. 그리고 그 도구를 쥐고 있는 것은 다른 누구도 아닌 바로 나 자신이다.

생각이
현실이 되는 과정

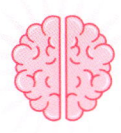

"생각은 현실이 된다."

이 말은 단순한 수사(修辭, 실질적인 근거 없이 그럴듯하게 꾸며서 하는 말 또는 문장을 아름답게 꾸미기 위한 표현)가 아니다. 뇌과학과 생리학의 실험으로 이미 입증된 사실이다. 미국의 신경과학자 광 예 박사(Kwang-Ye)는 젊은 사람과 노인을 대상으로 한 실험을 통해, 생각만으로도 근육이 강화될 수 있다는 것을 증명했다.

실험 참가자들은 15분간 '근육이 강화되는 이미지'를 떠올리는 연습을 50회 반복했고, 실제로 15%의 근육 강화 효과가 나타났다. 몸을 움직인 것이 아니라 단지 생각했을 뿐인데 말이다. 이 실험은 단 하나의 진실을 명확하게 보여준다.

"집중된 생각은 뇌를 자극하고, 뇌는 현실을 만들어내는 신호를 몸에 보낸다."

다시 말해, 뇌는 상상과 현실을 구분하지 않는다. 우리가 '무엇을 생각하느냐'에 따라 뇌는 그에 맞는 신경전달물질을 분비하고, 그 신호는 현실 속 행동과 감정을 이끌어낸다. 이것이 바로 생각이 현실이 되는 구조다.

나 역시 이 과정을 직접 겪었다. 우리는 눈을 뜨는 순간부터 생각을 시작한다.
'오늘은 무슨 일이 있을까?'
'밥은 먹을까 말까?'
'앞으로 어떻게 살아야 하지?'
이처럼 우리는 아침부터 '무의식의 습관'에 따라 생각을 흘려보낸다. 그리고 대부분의 경우, 그 첫 생각은 걱정이나 불안일 가능성이 크다. 문제는, 그 생각이 하루의 리듬을 결정한다는 것이다.

나는 아침에 가장 먼저 어떤 생각을 하느냐가 하루 전체의 감정과 호르몬 시스템을 결정짓는다는 것을 알게 되었다. 그래서 아침에 일어나자마자 긍정적인 생각을 떠올리기 위해 노력한다.
"오늘 좋은 일이 있을 거야!"

이렇게 스스로에게 말하면, 뇌는 세로토닌을 분비해 몸을 이완시키고, 얼굴엔 자연스러운 미소가 생긴다. 근육은 부드럽게 풀리고, 아세틸콜린이 활발히 작동해 에너지가 돌기 시작한다.

반면, 걱정과 불안으로 하루를 시작한다면 어떻게 될까? 노르에피네프린이 분비되어 몸은 긴장하고, 얼굴은 굳어진다. 눈빛은 날카로워지고, 말투는 공격적으로 변한다. 이런 상태로 하루를 시작한다면 좋은 일이 생길 리 없다. 아니, 오히려 작은 마찰도 큰 싸움이 되고 만다.

결국 삶은 선택의 연속이고, 그 선택은 언제나 생각으로 시작된다.

지금 이 순간, 어떤 상태를 원하는가?

오늘 하루를 즐겁게 보내고 싶은가, 아니면 불행한 기분으로 견디고 싶은가?

정답은 내 안에 있다. 나는 자유의지로 선택할 수 있다. 실제로 그 자유의지로 알코올 중독이라는 지옥을 선택했고, 또 그 자유의지로 중독에서 벗어나 행복을 선택했다. 선택은 언제나 내 몫이었고, 지금도 그렇다.

물론 생각을 한 번 바꾼다고 모든 것이 달라지진 않는다. 생각 조절에는 꾸준한 연습과 반복 훈련이 필요하다. 그래서 나는 매일 아침 의도적으로 좋은 생각을 하려고 애썼다.

"나는 오늘 잘될 거야."
"오늘 하루는 기쁨으로 가득할 거야."
"내 인생은 점점 나아지고 있어."

처음엔 억지 같고 어색했다. 그러나 반복이 쌓이자 믿음이 생겼고, 믿음은 나를 변화시켰다. 생각은 단순한 심리 놀이나 위안이 아니다. 생각은 곧 신호이고, 신호는 현실이 된다. 부정적인 생각을 반복하면 불행한 현실이 생겨난다. 긍정적인 생각을 반복하면 행복한 현실이 다가온다. 그 단순하고도 강력한 진실을 나는 온몸으로 체험했다.

생각은 씨앗이다. 반복된 생각은 뿌리를 내리고, 결국 우리의 삶이라는 열매로 자란다. 내가 어떤 생각을 반복할지, 그 선택은 언제나 나에게 있다. 그 누구도 내 삶을 대신 살아주지 않는다. 그러므로 내 생각을 내가 책임져야 한다. 지금 이 순간에도 뇌는 당신의 생각을 믿고, 그에 맞는 호르몬을 분비하고 있다.

'무엇을 믿을 것인가?'

그 믿음은 결국 당신이 사는 현실이 된다.

생각이 현실이 되는 과정

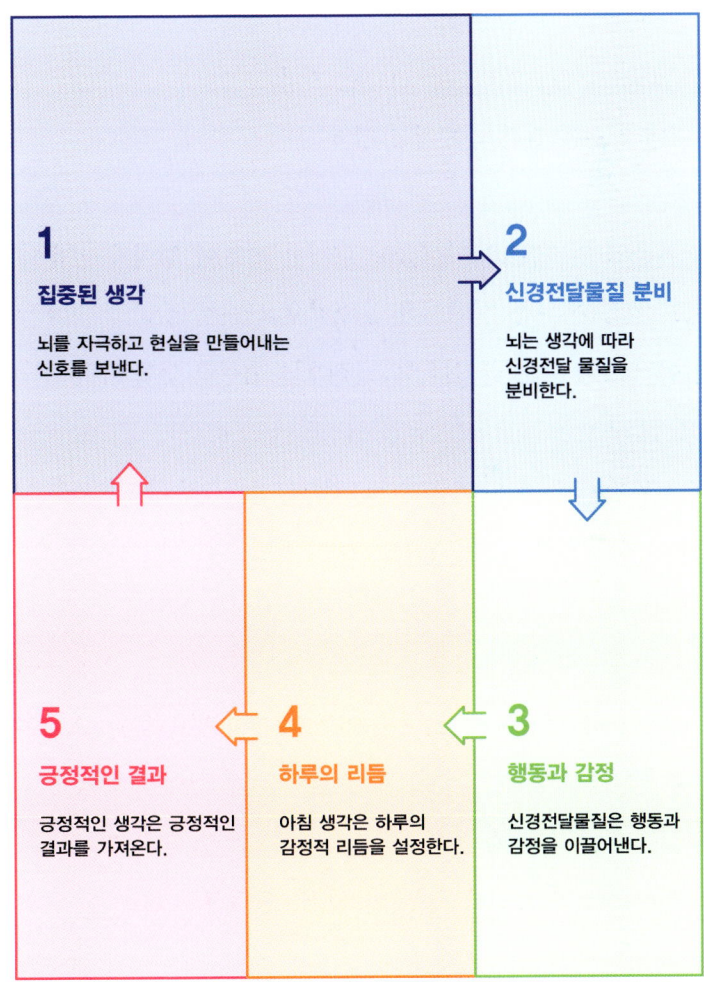

선순환의 결실

몰약 연구와 박사 과정은 나에게 선순환의 결실이다. 내가 연구한 몰약(MHS-90)은 나에게 생각의 선순환을 체험하게 해준 결정적인 물질이었다.

[5] 몰약(myrrh)

처음 몰약에 관심을 가지게 된 계기는 아주 단순했다. 어느 날 성경을 읽다가 마태복음 2장 11절의 구절이 눈에 들어왔다. 동방박사들이 아기 예수께 황금, 유향, 몰약을 예물로 드렸다는 내용이었다. 황금은 알겠는데, 유향과 몰약은 도대체 무엇일까? 그리고 그것이 아기 예수에게 줄 만한 예물이었을까? 그렇게 시작된 작은 호기심이 나를 새로운 길로 이끌었다.

나는 몰약과 유향이 무엇인지 알아보기 위해 문헌을 찾아보기 시작했다. 그중 『본초강목(本草綱目)』이라는 한의학 고서에서 몰약에 대한 기록을 확인할 수 있었다. 본초강목에는 "몰약은 감람나무에서 흐르는 수지로 매우 쓰고 간경으로 흐르며, 독은 없고 항균 작용과 활혈, 거어, 지통(活血, 去瘀, 止痛)에 사용된다."라고 적혀 있었다.

이 기록은 내 호기심을 더 자극했다. 나는 '왜 아기 예수에게 몰약을 예물로 드렸을까?'라는 질문에 답을 찾기 위해 몰약에 대해 본격적으로 공부하기 시작했다. 처음엔 단순한 지적 호기심이었지만, 몰약에 대한 자료를 찾아보고 연구할수록 빠져나올 수 없는 블랙홀처럼 점점 몰입하게 되었다. 몰약 연구는 그렇게 나를 집어삼켰고, 나는 그 안에서 새로운 생각의 세계를 경험하기 시작했다.

하지만 몰약 연구는 결코 쉬운 길이 아니었다. 연구에는 자금이 필요했고, 자금이 부족할 때마다 여러 차례 포기를 고민했다. 그럴 때마다 신기하게도 누군가가 나타나 도움을 주었다. 마치 어떤 신호처럼, 포기하려는 순간마다 누군가가 다시 일어설 수 있도록 손을 내밀어주었다. 그럼에도 결국 내 개인 자산을 투입하며 연구를 이어갔고, 급기야 빚까지 지게 되었다. 금전적 압박은 점점 심해졌고, 몰약은 나에게 끊임없는 스트레스와 고통을 안겼다. 너무 힘들어 '몰약에 대한 생각을 멈추게 해달라'고 기도한 적도 있었다.

그럼에도 나는 끝내 몰약을 손에서 놓지 않았다. 수많은 어려움 속에서도 연구를 이어간 끝에 몰약복합추출물, 즉 MHS-90이라는 원료를 개발할 수 있었다. 연구 결과, 이 원료에는 항염증과 항산화 작용에 관여하는 물질이 포함되어 있음이 밝혀졌다. 나는 이 성분을 바탕으로 〈몰약복합추출제의 소염통증완화제 제조방법에 대한 특허〉를 등록할 수 있었다.

몰약은 나에게 상처를 주고, 괴롭게 만들고, 때로는 주저앉게 했지만, 결국엔 나를 다시 일으켜 세우는 선순환의 씨앗이 되었다. 나는 알코올 중독의 어두운 시절, 몰약을 통해 다시 긍정적인 생각을 할 수 있었고, 삶에 대한 새로운 의미를 발견할 수 있었다.

몰약은 결국 나에게 보배가 되었다.

고통을 이겨낸 뒤에야, 나는 몰약을 알게 된 것이 얼마나 큰 축복이었는지 비로소 깨달았다. 그 감사함은 시간이 지날수록 더 깊어졌다. 나는 이 특별한 의미를 담아 몰약복합추출물에 'MHS-90'이라는 이름을 붙였다. 여기서 MHS는 '발효 몰약에서 추출한 성분'을 뜻하고, 90은 '나를 구원한 몰약'을 상징한다.

다른 사람에게 90은 그저 하나의 숫자일 수 있지만, 나에게는 '구원'의 의미였다. 몰약 연구는 학문적 성취를 넘어, 나의 회복과 변화의 여정이었고, 그 과정 속에서 생각이 현실이 되는 선순환의 힘을 확신하게 되었다.

나만의 선순환

나는 주문을 외우듯 다시 시작했다.

"난 반드시 전문가가 될 것이다."

이 문장을 마음속에 깊이 새기며 매일 되뇌었다. 돈을 많이 벌고 싶은 생각은 없었다. 내가 바란 건 사라지지 않을, 시간이 흘러도 흔들리지 않을 '진짜 재산'이었다. 그리고 나는 그것을 지식과 전문성이라고 생각했다. 그렇게 나는 내 삶의 방향을 다시 설정했다.

"동방박사처럼 살아야겠다."

성경 속 동방박사는 아기 예수에게 몰약을 예물로 바친 인물로 기록되어 있다. 나는 그 이야기를 떠올리며, 몰약에 매료된 사람으로서 그 가치를 세상에 전하고 싶다는 마음이 커졌다. 그 마음이 나를 생물공학 박사의 길로 이끌었다.

며칠 지나지 않아 인터넷 검색을 통해 건국대학교 대학원 생물공학과 석사과정을 발견하게 되었다. 바로 그 순간부터 내 머릿속은 온통 건국대학교로 가득 찼다.
'할 수 있을까?'
'지금 나이에 다시 공부가 될까?'
수많은 생각이 내 안에서 부딪쳤다. 그러나 나는 생각을 하나로 정리했다.
'해보자. 나는 할 수 있다!'
그렇게 마음을 다잡은 뒤에는 아침에 눈을 뜨자마자, 밤에 잠들기 전까지 오직 건국대학교 생물공학과만을 생각했다. 그 몰입의 결과로 나는 결국 입학에 성공했다.

그 이후의 시간은 내 인생에서 가장 성실하고 진실한 시간을 보냈다. 단 한 번의 결석도 없이 모든 수업에 출석했고, 단 한 번도 리포트를 늦게 낸 적이 없었다. 술로 흘렸던 시간을 단단하고 뚜렷한 일상으로 바꾸며, 나는 생각이 현실이 되는 경험을 몸소 겪고 있었다. 석사과정을 통해 나는 진짜 '동방박사'가 되어가고 있었다.

힘들지 않았다고 하면 거짓말일 것이다. 시력은 예전보다 흐려졌고, 몸은 조금만 움직여도 금세 지쳐 왔으며, 머릿속의 톱니바퀴는 예전처럼 빠르게 돌지 않았다. 하루하루가 마치 경사로를 오르는 듯 숨이 찼다. 그러나 이상하게도, 그런 고비일수록 내 생각은 오히려 더 선명해졌다.

'나는 동방박사가 될 것이다!'

이 생각 하나만큼은 결코 흔들리지 않게 붙들었다.

물론 그 과정에서 내면의 갈등이 수시로 고개를 들었다.

'이러다 건강이 완전히 무너지는 건 아닐까?'

'이렇게까지 버티는 게 정말 의미 있는 걸까?'

나약한 질문들이 빈틈을 파고들었지만, 그때마다 나는 마음속에서 외쳤다.

"핑계 대지 마!"

어떤 이가 나를 보았다면, 아마도 중얼중얼 주문을 외우는 이상한 사람처럼 보였을 것이다. 하지만 내게 그것은 생각을 조절하고 집중하는 훈련이었다. 생각을 지키는 일은 치열한 싸움이었고, 나 자신과의 전투였으며, 나약함과 맞서는 전쟁이었다.

그런 과정을 거치며 결국 나는 생물공학 석사가 되었다. 하지만 거기서 멈출 수 없었다. 마음속에서는 박사 과정에 대한 불씨가 다시 타올랐다. 그 열망을 안고 곧장 지도교수님을 찾아가 상담을 요청했다.

교수님은 잠시 나를 바라보다가, 걱정스러운 표정을 지으며 여러 번 물으셨다.

"정말 할 수 있겠어요?"

그 질문은 내 마음을 더욱 단단하게 만들었다. 물론 알고 있었다. 박사 과정은 일반대학원 과정으로, 모든 조건이 기존 학생들과 똑같다. 실험에 매달려야 하고, 학회지 논문을 작성해야 하며, 마지막에는 방대한 졸업논문을 완성해야 한다. 젊고 체력이 좋은 사람에게도 버거운 길인데, 나처럼 다시 시작한 이에게는 거의 불가능에 가까운 도전이었다.

그럼에도 나는 생각을 믿었다.

'지금처럼만 성실할 수 있다면 가능하다!'

나는 박사과정을 시작했고, 그때부터 또 다른 싸움이 시작되었다. 성실함만으로는 부족한 시간이었다. 그토록 열심히 해도, 세상은 쉬운 법이 없었다. 모든 게 어려웠다. 생각보다 훨씬 더 많은 일들이 나를 막아섰다.

포기하라는 뇌 속의 속삭임은 점점 더 집요해졌다.

"이 정도면 충분하지 않나?" 하는 유혹이, 마치 그림자처럼 하루에도 수십 번씩 내 곁을 맴돌았다.

그럴 때마다 나는 다시 주문을 외웠다.

"나는 절대 포기하지 않을 것이다."

그 문장을 다시 가슴에 새기며, 나는 박사과정의 험난한 길에 적응해 나갔다. 해야 할 것을 시간에 맞춰 해내야 했고, 논문을 쓰는 동안 수많은 날을 홀로 눈물로 지새웠다. 눈이 침침해지고, 몸이 말을 듣지 않아도, 나는 나의 길을 포기하지 않았다.

그 모든 시간 끝에, 나는 하나의 진실을 깨달았다.

'나의 연구는 인류에게 도움이 되는 길이다!'

그 믿음은 나를 견디게 했고, 나를 바꾸었다. 몸이 변했고, 마음이 달라졌다. 생각이 현실을 만들었다. 그리고 그 현실은 나만의 선순환으로 완성되었다.

[6] 몰약연구 박사학위 논문

PART 6
세상으로 퍼지는 선순환의 힘

D O P A M I N E   T R I G G E R

선한 고리가 계속된다

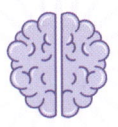

몰약을 알게 된 지 벌써 20년이 넘었다. 알코올 중독으로 방황하던 시절까지 포함하면, 그 시간은 더 길다. 도망치고 숨고 싶었던 인생의 가장 밑바닥에서도 나는 몰약을 손에서 놓지 못했다. 어쩌면 그것은 집착이 아니라, 내 인생을 다시 잇는 끈이었을지도 모른다.

술을 끊고, 대학원에서 본격적으로 몰약에 대한 연구를 시작하면서 나는 몰약이 단순한 약초가 아니란 사실을 점점 깨닫게 되었다. 성경 속에서 예수님께 드려졌던 예물, 바로 그 몰약은 사람에게 유익한 성분을 지닌 귀한 물질이었고, 나는 그 과학적 가치를 연구로 증명해 내기 시작했다. 몰약은 단지 인간에게만 유익한 것이 아니었다. 식물과 동물에게도 긍정적인 영향을 주는 선순환 물질이었다.

나는 몰약을 추출하고, 발효 과정을 거쳐 '몰약복합추출물(MHS-90)'을 개발했다. 그리고 이를 기반으로 한 비료 기술로 특허를 획득했다.

이 기술은 몰약의 고형 성분에 미생물을 결합하여 '카르베 미생물 비료'라는 형태로 확장되었고, 현재까지도 지속적인 활용 가능성을 넓혀가고 있다.

몰약의 성분을 분석한 결과, 다량의 폴리페놀(polyphenol)과 테르페노이드(terpenoid) 계열이 포함되어 있었다. 대표적인 폴리페놀 성분으로는 탄닌(tannic acid), 루틴(rutin), 케르세틴(quercetin)이 있었고, 테르페노이드 성분으로는 후라노데스마(furanoeudesma-1,3-diene)와 커제렌(curzerene)이 확인되었다. 이들 물질은 항염, 항바이러스 작용을 나타내는 것으로 실험을 통해 입증되었다.

몰약은 내 인생을 바꿔놓은 물질이었다. 동시에 사람과 식물, 동물이 함께 건강해지는 선순환의 고리이기도 했다. 나는 몰약을 통해 한 가지 진실을 깨달았다. 선순환의 고리는 단순히 좋은 일이 반복되는 구조가 아니다. 그것은 한 사람의 마음과 생각이 변화하고, 그 변화가 주변의 다른 생명에게 스며들어 선한 영향을 주며, 다시 그 생명이 또 다른 존재에게 좋은 변화를 전하는, 끝없이 이어지는 흐름이다. 이러한 흐름이 고리를 만들어 결국 세상 전체를 바꾸는 힘이 된다.

몰약은 그런 고리의 출발점이었다. 그래서 나는 지금도 이 고리를 조금이라도 더 넓히고, 더 튼튼하게 만들기 위해 매일 실험을 설계하고 새로운 연구를 시작한다. 때로는 그 과정이 느리고 답답하게 느껴질 때도 있지만, 그 고리가 확실히 자라나고 있다는 믿음으로 책상 앞에 앉는다. 그리고 나는 확신한다. 몰약은 단순한 약재가 아니다. 그것은 '생명에 선한 영향을 주는 도파민 트리거'다.

사람, 식물, 동물에게

몰약(myrrh 수지)은 중동과 아프리카의 뜨겁고 건조한 땅에서 자란다. 소말리아, 에티오피아, 수단 같은 지역의 혹독한 자연 속에서도 살아남은 나무에서 나오는 수지, 그것이 바로 몰약이다. 이 몰약은 감람나무과에 속하는 Commiphora myrrha (콤미포라미르라) 종에서 주로 채취되며, 150여 종 중에서도 생물학적 활성이 가장 뛰어난 것이 이 종이다.

성분은 30%~60%는 검, 25%~40%는 수지, 3%~8%는 휘발성 오일로 구성되어 있다. 이 휘발성 오일 속에는 후라노세스퀘테르펜(furanosesquiterpene)이 포함되어 있으며, 여러 과학자들의 연구에 따르면 몰약은 테르페노이드(terpenoid), 폴리페놀(polyphenol), 플라보노이드(flavonoid), 스테로이드(steroid) 등의 생리활성 물질을 풍부하게 함유하고 있다. 이러한 성분들은 오랜 세월 동안 민간에서는 상처 치료, 잇몸 질환, 염증 완화, 살균 소독 등의 용도로 사용되어 왔다.

몰약은 사람에게만 유익한 것이 아니다. 나는 몰약 복합추출물(MHS-90)을 활용하여 미생물을 결합한 비료를 개발했고, 이를 농작물에 적용했을 때 뚜렷한 항균성과 성장 촉진 효과를 확인할 수 있었다. 몰약에서 비롯된 선순환은 식물의 건강을 지키고, 그 식물을 먹는 동물의 건강에도 영향을 준다. 한 생명체에 긍정적인 변화가 일어나면, 그 영향은 고리처럼 다른 생명에게도 전해진다. 이게 바로 내가 말하는 선순환의 구조다.

몰약은 인간의 세포에 항염과 항바이러스 작용을 하고, 식물에는 병원성 미생물로부터 보호 기능을 하며, 동물에게는 면역력을 증강시키는 방식으로 작용한다. 단일한 물질이 이토록 다양한 생명체에 선한 영향을 미친다는 것은 과학적으로도 드문 사례다. 나는 이 몰약의 힘이 자연이 우리에게 준 가장 강력한 '선순환 트리거'라고 확신한다.

그리고 그 선순환은 생각에서 시작되었다. 나는 한때 아무것도 남지 않은 인생의 바닥에서 '박사가 되겠다'는 생각 하나로 다시 일어섰다. 누군가는 생각만으로 현실이 될 수 없다고 말할지도 모른다. 하지만 나는 말할 수 있다. 그 생각이 현실이 되었고, 그 생각이 만든 연구가 지금 이 순간에도 누군가의 삶에 영향을 주고 있다는 것을.

생각은 단순한 상상이 아니다. 생각은 세포의 에너지를 바꾸고, 에너지는 행동을 이끌고, 행동은 현실을 만든다. 내가 술을 끊을 수 있었던 것도, 박사가 될 수 있었던 것도, 몰약 연구를 통해 사람과 식물과 동물에게 도움이 되는 결과를 만들어낼 수 있었던 것도 결국 생각의 선순환을 믿고 따랐기 때문이다.

생각은 선택이다. 수많은 생각 중 하나를 선택하고, 그 하나에 집중할 때 비로소 현실은 움직이기 시작한다. 그리고 그 현실은 또 다른 생명에게 긍정의 영향을 주고, 그렇게 선한 고리는 끊임없이 이어지게 된다. 몰약처럼, 나의 생각도 이제 누군가에게 유익한 고리가 되길 바란다.

선순환 농업으로의 전환

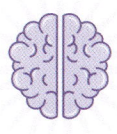

현대 농업은 끊임없이 생산성과 효율을 추구해 왔다. 그러나 그 과정에서 우리는 자연의 리듬을 놓치고, 악순환의 고리를 스스로 만들고 있다는 사실을 자주 간과한다. 최근 몇 년간 내가 연구해 온 몰약 기반 비료와 이를 활용한 선순환 농업의 확산은, 단지 작물의 수확량 증가에 그치지 않고 농업과 인간의 삶에 근본적인 질문을 던지게 했다.

'우리는 과연 지속 가능한 방식으로 먹고 살아갈 수 있는가?'
'그리고 그 출발점은 어디에 있어야 하는가?'

다음은 몰약을 활용해 선순환 농업으로 전환된 사례를 소개하겠다.

한 농민의 선택이 지역 농업을 바꾸다

전라남도 해남 땅끝마을의 윤 회장은 30년 이상 고구마 농사를 지어온 농업 베테랑이다. 몇 해 전부터 고구마에 바이러스성 병이 자주 발생해 수확에 심각한 타격을 입고 있었다. 여러 시도 끝에 그는 몰약 복합추출물을 활용한 비료를 시험적으로 도입하게 되었다.

초기에는 소규모 재배에 적용했으나, 몰약을 사용한 밭에서는 병이 거의 발생하지 않았고, 고구마의 크기와 맛도 눈에 띄게 좋아졌다. 그 결과 그는 10만 평 이상의 고구마 농사를 몰약 비료에 의존하게 되었고, 현재는 "몰약이 없으면 농사도 없다."고 말할 정도다.

[7] 선순환 농법으로 재배하고 있는 해남 고구마밭

이처럼 선순환 농업은 하나의 개인적 실험을 넘어, 지역 전체의 농업 방식에 영향을 주기 시작했다. 해남뿐만 아니라 전국 각지에서도 몰약 기반 비료의 효과를 경험한 농민들이 자발적으로 선순환 농법을 도입하고 있다.(161p 참고) 선순환의 사슬이 '한 명의 선택'에서 시작해 '공동의 변화'로 확장된 셈이다.

동물도 선순환에 동참

경기도 이천시 장호원읍에서 유정란 양계장을 운영하는 김 사장은 우연한 기회에 몰약으로 만든 동물용 보조사료(카르베)를 알게 되었다. 그는 카르베를 식수에 희석해 닭에게 급여하기 시작했고, 이후 놀라운 변화를 경험했다. 닭들이 감기에 걸리지 않고 뼈가 단단해졌으며, 산란율도 이전보다 눈에 띄게 높아졌던 것이다. 특히 놀라웠던 점은 양계장에서 계분 냄새가 거의 사라졌다는 점이다.

또한 카르베를 먹인 닭이 낳은 유정란은 비린내가 적고 껍질이 단단했으며, 상온에서도 신선도가 오래 유지되어 소비자 반응도 긍정적이었다. 김 사장은 "카르베 덕분에 안심하고 섭취할 수 있는 유정란을 생산할 수 있게 됐고, 방사장에서 자유롭게 뛰노는 건강한 닭과 몰약이 만나 최고의 결과를 만들어내고 있다."고 말했다.

이처럼 몰약을 기반으로 한 선순환 농법은 식물뿐 아니라 동물에게도 긍정적인 영향을 미치며, 농장의 전반적인 생태계에 선한 변화를 일으키고 있다.

[8] 몰약으로 만든 동물보조사료 '카르베'를 사용하는 유정란 양계장

왜 우리는 다시 선순환을 말해야 하는가? 우리가 흔히 사용하는 화학 비료와 항균제는 단기적인 생산성을 높일 수는 있지만, 장기적으로는 토양을 약화시키고 생태계를 오염시키는 부작용을 일으킨다. 그 대표적인 현상이 바로 '녹조'다. 하천에 녹조가 발생하는 주요 원인은 농경지에서 유출된 질소와 인 때문이다. 이 영양분들은 수계 내 부영양화를 일으켜 산소를 제한하고, 특정

조류(藻類)만 과도하게 번성시켜 수질을 악화시킨다. 결국 독소가 있는 물로 작물을 재배하고, 다시 그 작물을 섭취하게 되는 악순환이 발생한다.

선순환 농업은 이러한 문제를 정면으로 해결하려는 시도다. 자연에서 유래한 안전한 소재, 예를 들어 몰약처럼 항균성과 항염 효과가 입증된 천연 물질을 통해 병해충을 방제하고, 토양 미생물과의 조화를 이루는 방식으로 농사를 짓는다. 이런 방식은 단지 '유기농'이나 '친환경'이라는 차원을 넘어, 생태계 전체와 인간의 건강까지 고려한 농업 방식이다.

나는 지난 20여 년간 몰약이라는 식물성 천연 물질을 연구해왔다. 몰약은 고대부터 약용과 향료로 사용되었으며, 항균, 항염, 항바이러스 효능이 과학적으로도 입증된 물질이다. 실제로 몰약 추출물은 공기 중 부유미생물에 대한 강한 항균 효과를 가지며, 인플루엔자 바이러스 감소에도 효과적이라는 실험 결과를 도출했다. 핵심 활성 성분은 폴리페놀과 테르페노이드 계열이다.

나는 이 물질을 농업에 적용하기 위한 연구 과제를 수행했고, 몰약복합추출물과 토양미생물을 결합한 농업용 비료를 개발했다. 현재 이 비료는 실제 농가에 보급되어 활용되고 있으며, 많은 농민들로부터 "화학 제제를 줄이고도 수확량은 더 늘었다."는 반응을 얻고 있다.

선순환 농업, 이제는 선택이 아니라 대안이다. 나는 몰약복합추출발효액(MHS-90) 기반의 비료가, 선순환 농업으로 돌아가는 하나의 촉매제가 되길 바란다. 단순히 작물의 생산성을 넘어서, 인간과 자연이 함께 공존할 수 있는 지속 가능한 농업 모델로서의 가능성을 확장하고 싶다. 실제로 고구마뿐만 아니라 옥수수, 딸기, 사과, 포도 등 다양한 작물에 적용되고 있으며, 전국적으로 선순환 농법을 실천하는 농가들이 늘어나고 있다.

환경오염, 기후변화 등으로 인해 먹거리에 대한 불신이 심각해지면서 농업을 둘러싼 위기가 갈수록 커지고 있다. 이런 위기 속에서 우리가 나아가야 할 방향은 분명하다. 선순환은 더 이상 '이상적인 말'이 아니라, 우리가 살아가기 위해 반드시 선택해야 할 '현실적인 길'이다.

[9] 선순환 농법으로 재배하고 있는 옥수수 농가

[10] 선순환 농법으로 재배하고 있는 복숭아 농가

생각이 만든
새로운 삶

    2019년, 나는 에티오피아에서 열린 아프리카산업화주간(Africa Industrialization Week)의 전시회에 참가하게 되었다. 아프리카 전역에서 모인 사람들, 각국의 농업 담당자, 산업 관계자, 심지어 아프리카연합(African Union)의 대표단까지 한자리에 모인 뜻깊은 자리였다.

[11] African Union(AU)센터

그날 나는 평생 품어온 하나의 신념을, 전 세계에 꺼내 보이고 싶었다. 바로 몰약이다. 몰약은 선순환의 물질이며, 나를 살린 물질이다.

몰약을 알게 된 건 단순한 호기심 때문이 아니었다. 나는 알코올 중독이라는 나락 속에서 허우적거리고 있었다. 가정도 잃고, 돈도 잃고, 삶의 의미도 잃었을 때 몰약이라는 작디작은 식물이 내게 신호를 보냈다. 과학적으로 접근해 보자는 생각이 들었고, 연구를 시작했다. 그로부터 20년이 흘렀다. 연구 결과 몰약은 사람에게 항염, 항바이러스 효과를 줄 뿐 아니라 식물에도 병을 막아주고 건강하게 자라도록 돕는 천연 항균 효과가 있다는 것을 확인하게 되었다. 이 과학적 사실은 내가 살아야 할 이유를, 그리고 연구해야 할 방향을 제시해 준 등불이 되었다.

아프리카 산업화주간의 부스 앞에서 나는 카르베 비료를 시연하며 이렇게 말했다.

"이건 제가 마셔도 괜찮을 만큼 안전한 비료입니다."

그리고 바로 한 모금 마셨다. 놀란 사람들은 웅성거렸고, 어떤 이들은 줄을 서서 몰약 성분이 들어간 샴푸를 받고자 했다. 그들이 놀란 이유는 그것이 '자신들의 땅에서 자라는 몰약'이라는 점이었다. 아프리카 땅이 지닌 가능성, 몰약이라는 자연의 선물을 통해 그들이 구원의 해답을 찾을 수 있다는 사실에 눈을 뜨기 시작한 것이다.

그날 나는 몇몇 에티오피아 현지 사업가와 손을 잡게 되었다. 몰약 농장을 함께 조성하고, 그곳에서 생산한 몰약을 가지고 내가 보유한 기술과 접목하여 의약품 원료와 선순환 비료를 개발하자는 데 뜻을 모았다. 그들이 몰약의 가치를 알아본 것은 단순한 효능 때문만은 아니다.

[12] 에티오피아에서 몰약을 선별하고 있는 모습

'자연에서 나고, 사람에게 이로우며, 다시 자연을 살리는 순환의 구조'를 깨달았기 때문이다. 자연과 공존하는 삶을 물려줄 수 있는 것. 그것이 바로 진정한 선순환의 본질이다.

이 모든 변화는 하나의 생각에서 시작되었다.

'몰약은 사람과 식물, 동물에게 모두 선한 영향을 줄 수 있다'는 생각. 그 생각 하나가 나를 알코올 중독에서 꺼내 주었고, 연구자의 길로 이끌었으며, 박사학위를 취득하게 했고, 이제는 아프리카까지 연결되는 선순환의 삶을 살아가게 만들었다.

나는 그 누구보다도 생각의 힘을 믿는다. 생각은 나를 죽음의 벼랑 끝에서 살려냈고, 앞이 보이지 않던 길 위에서 나침반이 되어주었다. 그러나 동시에 생각이 얼마나 위험할 수 있는지, 얼마나 파괴적일 수 있는지도 뼈저리게 경험했다. 한때 나는 잘못된 생각에 사로잡혀 모든 것을 잃고, 무기력과 중독의 포로가 되어 있었다. 결국 그 함정에서 벗어나기 위해서는 생각을 '바꾸는 것'밖에는 방법이 없었다.

도파민은 생각의 첫 신호다. 그러나 그 신호를 어떻게 받아들이고 어떤 방향으로 증폭시키느냐는 우리의 선택에 달려 있다. 나는 파괴적이고 중독적인 도파민 루프를 벗어나기 위해 몰약이라는 자연의 선물을 붙들었다. 그리고 몰약과 함께 걸어온 그 긴 시간 동안 나는 내 생각의 구조를 바꾸는 법을 배웠다. 긍정적이고 선순환적인 방향으로 생각을 재구성할 수 있었기에, 오늘의 내가 있을 수 있었다.

지금의 나는 공학박사이자, 몰약을 통해 세상에 선한 영향을 퍼뜨리는 사람이 되었다. 그리고 이 모든 것이 한 생각에서 시작되었다는 사실을, 나는 절대 잊지 않는다. 생각은 흘러가는 감정이 아니라, 선택 가능한 현실의 시초다. 그리고 그 생각이 현실이 될 수 있다는 것을, 나는 내 삶으로 증명하고 있다.

[13] 에티오피아 정부와 몰약 수입 MOU체결

도파민 트리거를 당겨라

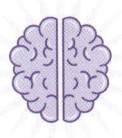

생각 하나가 삶을 바꾼다. 그리고 그 생각을 움직이는 시작점에 '도파민'이 있다.

이 책을 통해 나는 도파민이라는 작은 신호가 어떻게 인생 전체의 방향을 바꾸는지, 어떻게 한 사람의 운명을 바꾸는 불씨가 될 수 있는지를 이야기해 왔다. 도파민은 단순한 쾌락 호르몬이 아니다. 우리가 품는 생각, 우리가 결정하는 태도, 우리가 꿈꾸는 미래에 불을 붙이는 트리거, 즉 '방아쇠'다. 그리고 그 방아쇠를 어디로 겨눌지는 당신의 선택이다.

나는 숱한 실패와 고통의 순간을 겪었다. 알코올 중독에 빠져 아내를 잃고, 가정이 무너지고, 인생의 바닥에 도달했던 날들.

모든 것을 탓했고, 세상을 원망했고, 나 자신을 버렸다. 하지만 그 모든 절망 속에서도 한 생각이 희미한 불씨처럼 살아 있었다.

"다시 시작할 수 있을까? 나에게도 의미 있는 삶이 가능할까?"
그 물음이 시작이었다.
그리고 몰약을 다시 붙든 그날, 나는 도파민 시스템의 방향을 바꾸었다. 부정의 루프에서 긍정의 루프로. 파괴의 회로에서 창조의 회로로. 중독의 고리를 끊고, 새로운 가능성의 문을 연 순간이었다.

생각을 바꾸면 감정이 바뀌고, 감정이 바뀌면 행동이 바뀌고, 행동이 바뀌면 인생이 바뀐다.
그리고 이 모든 변화의 원리는 도파민의 흐름에 있다. 나는 도파민이라는 작은 신호에 인생을 건 사람이다. 과학자로서 도파민 시스템의 구조를 이해하려 했고, 중독을 넘어서기 위한 해법을 찾으려 애썼으며, 이제는 선순환의 철학을 세상에 전하고 있다.

이 책 『도파민 트리거』는 나의 삶 그 자체다.
한 개인의 치열한 실패와 회복, 그리고 도파민과 생각이라는 메커니즘을 통한 변화의 기록이다. 삶의 진짜 변화는 '내가 무엇을 생각하느냐'에서 시작된다.

이제 나는 말할 수 있다. 생각은 훈련될 수 있으며, 도파민은 조절할 수 있다. 마음은 뇌의 활동을 넘는 힘을 지닌다. 그리고 우리는 그 힘을 스스로 다룰 수 있는 존재다. 누군가의 명령이 아니라, 환경의 자극이 아니라, 나의 의지로 방아쇠를 당길 수 있다.

나는 과학을 통해 이 원리를 이해했고, 인생을 통해 이를 증명했다. 몰약이라는 하나의 물질을 통해, 그 안에 담긴 신호와 순환을 통해, 나는 스스로의 삶을 치유했다. 그리고 그것을 아프리카에서, 농업과 의약의 현장에서, 사람들과 공유했다. 이제 내 철학은 분명하다.

모든 인간은 선순환을 만들 수 있는 능력을 지녔다.
도파민 트리거를 당겨라! 변화는 당신 손에 있다. 이제 당신 차례다. 나는 묻고 싶다.
"당신은 지금 어떤 생각을 품고 있는가?"
"그 생각은 당신을 살리고 있는가, 아니면 조금씩 무너뜨리고 있는가?"

도파민은 생각을 따라 움직인다. 그리고 반복된 도파민의 흐름은 인생의 궤적을 만든다.
우리는 생각을 조절함으로써 도파민의 흐름을 바꿀 수 있고, 도파민의 방향을 바꿈으로써 감정과 행동, 결국 삶 전체를 바꿀 수 있다. 이것이 내가 발견한 삶의 비밀이고, 이 책의 핵심 메시지다.

나는 공학박사다. 동시에 알코올 중독에서 회복한 사람이며, 몰약을 통해 인생을 되찾은 사람이다. 그리고 지금은 말할 수 있다.
"내 인생은 도파민 트리거 하나로 바뀌었다."

마지막으로, 당신에게 전하고 싶은 말이 있다.
무엇을 생각할지는 당신의 자유의지다. 하지만 그 생각이 당신의 현실이 된다는 사실도 잊지 마라. 그렇기에, 함부로 생각하지 말고, 신중하게 선택하라. 그리고 반드시 기억하라. 도파민 트리거는 당신 손에 있다.

이제 당신이 그 방아쇠를 당길 차례다. 어두운 생각을 멈추고, 선순환의 회로를 작동시켜라. 삶은 바뀔 수 있고, 그 변화는 지금 이 순간, 당신의 생각으로부터 시작된다.

이것이 바로 『도파민 트리거』가 독자에게 전하고 싶은 진심이다. 이 책이 단지 정보를 주는 데 그치지 않고, 여러분의 삶 속에서 진짜 트리거가 되어주기를 바란다.

당신은 바뀔 수 있다. 당신의 뇌와 생각은 당신의 선택에 달려 있다. 그러니 지금, 트리거를 당겨라!

나를 이끄는 뇌, 생각을 이끄는 나
도파민 트리거

초판 1쇄 인쇄 2025년 8월 20일
　　　1쇄 발행 2025년 8월 30일

지은이
펴낸이 전지윤
책　임 최대중
편　집 신지은
디자인 박정호

펴낸곳 리드썸
출판등록 2023년 8월 11일
신고번호 제 2023-000055호
주소 경기도 화성시 동탄대로 683, SH스퀘어2 339호
이메일 readsome@naver.com

ISBN 979-11-93797-90-7 (13190)

※ 이 책은 출판사 리드썸과 저작권자의 계약에 따라 발행한 것으로 무단전재와 복제를 금지하며, 이 책의 전부 또는 일부를 사용하려면 반드시 리드썸 출판사의 서면 동의를 받아야 합니다.